MADRID

GUÍA DEL VIAJERO

susaeta ediciones sa

Proyecto y Realización
Thema Equipo Editorial
Buenos Aires, 60 - 08036 Barcelona

Textos
Antonio Pardo

Fotografías
Juan Carlos Martínez / Archivo Thema

© 1990 SUSAETA EDICIONES, S.A.
C/ Campezo s/n - 28022 Madrid (España)
Telf. 747 21 11 - Télex 22148 SSTA
Fax 747 92 95

I.S.B.N. 84-305-1747-2
D.L. M-20190-1990
Impreso por SUSAETA EDICIONES, S.A.
Printed in Spain

NOTA AL VIAJERO

Esta guía de Madrid presenta al lector dos niveles de lectura. Uno, en la columna ancha, ofrece de forma amena la información básica de los lugares que se propone visitar; y el segundo, en la columna estrecha, una serie de textos amplían aspectos concretos o recogen fragmentos literarios, leyendas, costumbres, etc., sobre la ciudad y sus gentes.

Por otra parte, se proponen al viajero unos itinerarios de longitud variable y en los que se ha procurado que abarcasen zonas con un máximo de elementos de interés. Lógicamente, la duración de cada itinerario dependerá del nivel de profundización que desee realizar el viajero.

Antes de abordar los itinerarios, el lector encontrará unas páginas de introducción, muy útiles para hacerse una idea global de la historia, el arte, el folklore, la gastronomía, etc., de Madrid, y al final del volumen hallará recogida una serie de informaciones y direcciones de gran utilidad para prever o desarrollar su viaje.

Esta guía ha sido pensada como un compañero de ruta, imprescindible para descubrir aspectos inéditos de la capital de España y moverse por ella con soltura. El plano esquemático de la ciudad que se encuentra en las páginas 8 y 9 muestra la situación de los principales puntos de interés descritos en el texto.

Por otra parte, hemos creado una simbología para que, de un vistazo, el lector pueda captar lo más interesante y singular de las rutas que le proponemos. En el uso de los símbolos de valoración, hemos procurado ser lo más objetivos posible, teniendo en cuenta el valor de cada objeto, lugar o hecho en relación con los demás elementos descritos en esta guía, así como los de su interés desde el punto de vista turístico. Así:

- es indicativo de algo de especial interés
- es indicativo de algo de notable interés
- es indicativo de algo de excepcional interés
- señala el sentido del itinerario
- señala un desvío del itinerario
- descripción de un lugar
- señala una panorámica o vista interesante
- destaca un hecho curioso, anecdótico, etc.

Para redondear los atractivos y eficacia de esta guía, hemos jalonado sus páginas con unas bellas e inéditas imágenes de Madrid con el deseo no sólo de mostrar al lector lo hermosa que es esa ciudad, sino también de incitarle a encaminarse hacia ella a la primera ocasión.

¡Buen viaje!

Presentación
LA GRAN VÍA DE EUROPA

El forastero se suele preguntar por qué los madrileños se sienten tan a gusto en su ciudad, mientras él naufraga en el asfalto o se desespera ante las incomodidades con que uno se encuentra en cualquier ciudad grande y desconocida.

La respuesta es sencilla: el madrileño intima con esta deliciosa villa y corte como con una amante. Y entonces, puede aturdir, sí, pero encanta. Agobia, pero se la sabe entrañable. Puede ser caótica, ¡pero tiene tantas cosas que enamoran!

Esta guía quiere ser, precisamente, ese libro de los amantes, en donde están las pistas, las claves, los guiños para que cualquier visitante pueda ser seducido, de inmediato, por los secretos de esta ciudad cautivadora.

Tenga en cuenta quien la visita que Madrid es, ante todo, una ciudad viva. Sus museos, sus monumentos, sus barrios históricos, junto con sus avenidas modernas, sus edificios vanguardistas o sus barrios populares están engarzados en la vida cotidiana del madrileño.

Por eso esta obra es, antes que nada, un anfitrión apasionado de Madrid, que le va a ir mostrando su ciudad con cariño, enseñándole cada uno de los rincones que se encuentran justamente entre las candilejas, detrás de los magníficos escenarios monumentales de ese Madrid, con obras mundialmente reconocidas.

De la mano de esta guía pasará de lo universal a lo castizo. Intimará con la *movida* y con lo *cheli*. Conocerá los grandes monumentos y sus secretos. La vieja tasca o la mejor cocina. Y, al final podrá decir, sin miedo a cortarse: «Conozco Madrid».

Plano de Madrid

1. Jardines del Descubrimiento y Monumento a Colón
2. Biblioteca Nacional y Museo Arqueológico
3. Museo de Artes Decorativas
4. Iglesia de los Jerónimos Reales
5. Casón del Buen Retiro
6. Museo del Ejército
7. Real Academia de la Lengua Española
8. Museo del Prado
9. Centro de Arte Reina Sofía
10. Estación del Mediodía (Atocha)
11. Arco de Cuchilleros
12. Ayuntamiento
13. Casa de Cisneros
14. Viaducto
15. Basílica de San Francisco el Grande
16. Monasterio de las Descalzas Reales
17. Comunidad de Madrid. Presidencia
18. Iglesia de San Ginés
19. Teatro Real
20. Convento de la Encarnación
21. Palacio Real
22. Nuestra Señora de la Almudena
23. Estación del Norte
24. Ermita de San Antonio de la Florida y Panteón de Goya
25. Museo de la Real Academia de Bellas Artes de San Fernando
26. Teléfonos
27. Congreso de los Diputados
28. Oficina de Turismo
29. Museo Romántico
30. Iglesia de las Salesas Reales
31. Puerta de Alcalá
32. Palacio de Liria
33. Palacio de Velázquez
34. Palacio de Cristal
35. Convento de las Trinitarias
36. Palacio del Senado
37. Templo de Debod
38. Centro Cultural de la Villa
39. Real Fábrica de Tapices
40. Estación Autobuses Aeropuerto
41. Museo Sorolla
42. Museo Lázaro Galdiano
43. Museo Español de Arte Contemporáneo
44. Plaza de Toros de las Ventas
45. Torrespaña
46. Estación de Autobuses Auto-Res
47. Estación Sur de Autobuses
48. Estadio Vicente Calderón
49. El Rastro

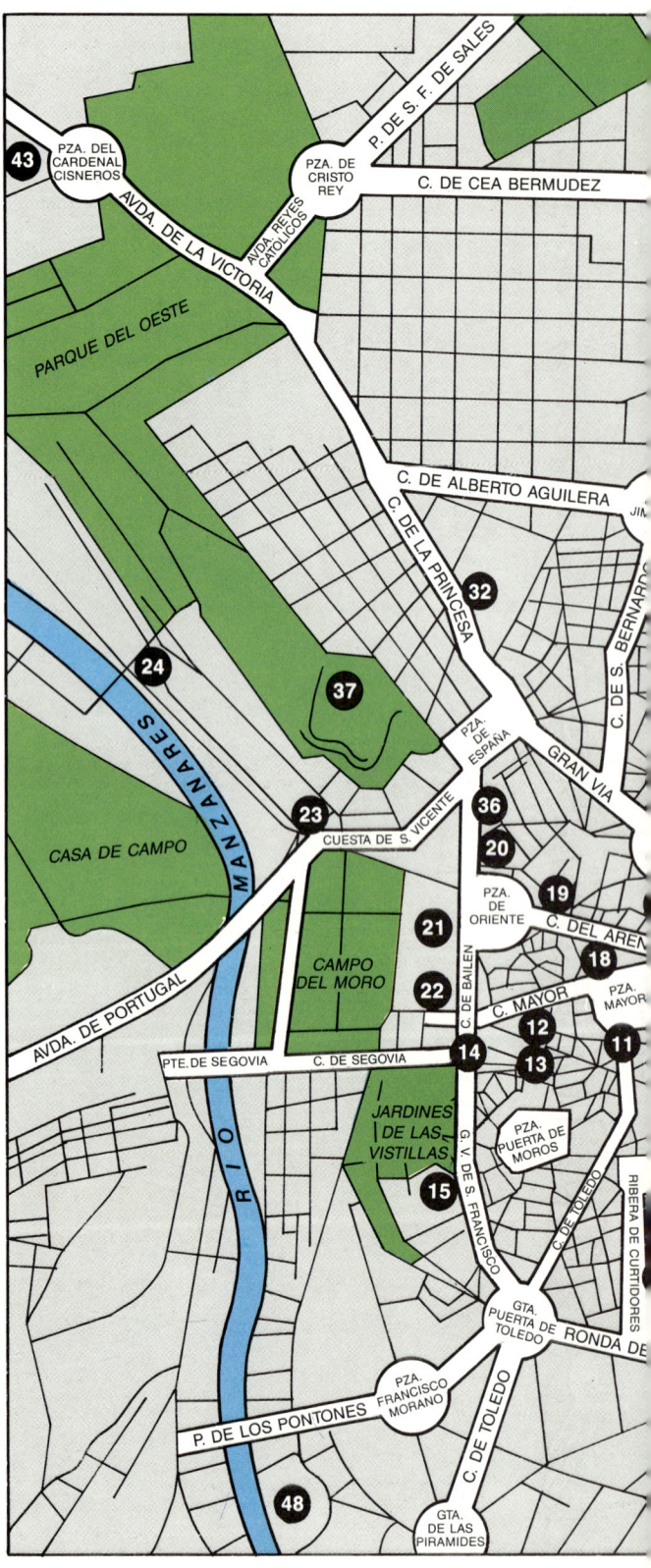

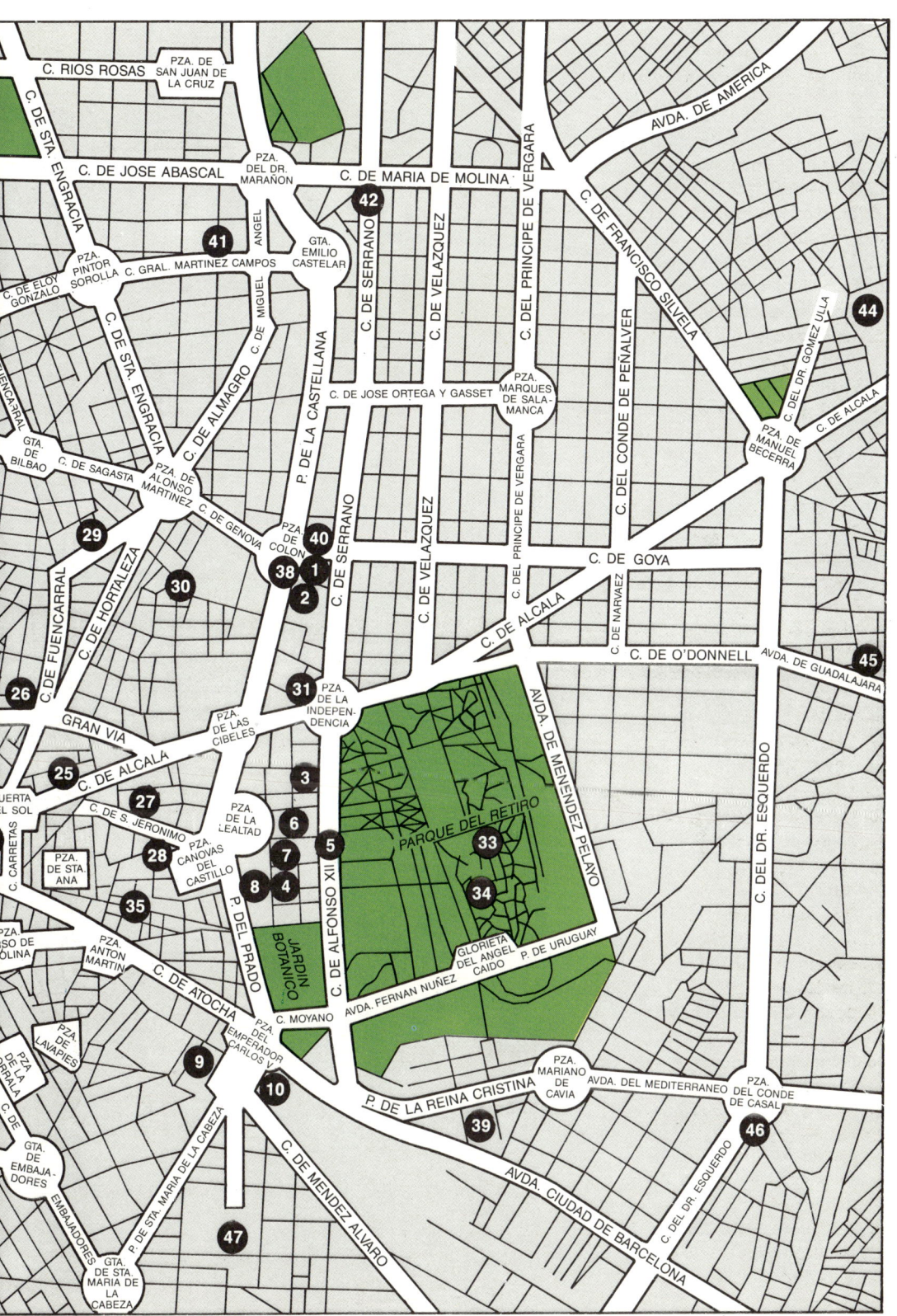

SUMARIO

Presentación 7

Plano de Madrid 8

De Madrid, Villa y Corte 12
   Un poco de historia 12
   El clima de la capital 18
   De Madrid al cielo 20
   Madrid popular 21

Itinerarios
   1. El viejo Madrid 24
   2. De Sol a Oriente: la ruta de los reyes 40
   3. Por el Madrid castizo 57
   4. Por el Madrid cosmopolita y popular 70
   5. La ruta de los museos 89
   6. De la cañada de la Mesta a la vanguardia de Azca 106
   7. La noche es joven 126

Plano del metro de Madrid 136

Páginas de Servicio 137

Índice 141

Introducción
DE MADRID, VILLA Y CORTE

La villa de Madrid capital de España, de la Comunidad Autónoma del mismo nombre y de la provincia madrileña, está situada en el centro de la península Ibérica. Recostada en el río Manzanares, los barrios más típicos de la ciudad son un resumen de su historia.

Antiguos griegos, Mantua te pusieron,
y los romanos, que después fundaron,
Urasia y Mayoritum te llamaron,
de aquí Madrid y Ursaria te dijeron
Juan Hurtado de Mendoza, s. XVI

Un poco de historia

Los orígenes de la actual villa de Madrid hay que buscarlos en el antiguo castro árabe que fundara el **emir Mohamed I**, a mediados del siglo IX. De aquella época quedan todavía restos de murallas, situadas muy cerca de la Virgen de la Almudena, nombre que procede de *Almudaina* o ciudadela árabe, la cual se extendía en torno al castillo del caíd. Estaba este castillo en el mismo lugar donde hoy se encuentra el palacio de Oriente, y donde antes estuvo el castillo de los Trastámara y el Alcázar de los Austria.

Fuente de la Cibeles, en la plaza del mismo nombre. Situada en el centro de la ciudad, en la confluencia de la calle de Alcalá y los paseos del Prado y de Recoletos, es uno de los símbolos de Madrid que ha recorrido el mundo a través de tarjetas postales.

De Madrid, Villa y Corte

No cabe duda de que existieron asentamientos anteriores aprovechando, precisamente, la privilegiada situación estratégica de este cerro sobre el Manzanares, lo saludable del clima y las grandes posibilidades cinegéticas que ofrecían los inmensos bosques que rodeaban el lugar.

Los yacimientos arqueológicos muestran cómo ya en el Paleolítico más antiguo se poblaron estas terrazas del Manzanares –huellas significativas de esta cultura, así como del Neolítico, pueden contemplarse en el Museo Arqueológico– y, por otra parte, el Madrid actual se ha querido identificar, ya desde antiguo, con la celtíbera y mítica *Mantua Carpetana*. Buscando un origen divino, hay quien la ha supuesto fundación de la profetisa Manto, hija de Hércules.

De lo que sí estamos seguros es de la fundación árabe. Los musulmanes llamaron a esta villa fronteriza *Magerit*. Se encontraba en la línea defensiva de Toledo y estaba destinada a frenar las incursiones cristianas, como la del año 929, que recoge el cronista Ibn Hayyan y en la que cuenta que en ese año «tuvo lugar la victoria de los madrileños contra los infieles enemigos de Dios, a quienes Él deje malparados, distinguiéndose en la lid el caíd de Madrid, Abu Omar». Lógicamente, los infieles eran las huestes cristianas y los entonces madrileños no eran otros que sus habitantes moros.

Sello postal con el escudo de Madrid.

Restos de las murallas del antiguo Madrid. Conquistado por los árabes, éstos amurallaron el primitivo recinto, que a su vez fue rodeado por murallas cristianas después de la Reconquista.

Introducción

Antigua postal de la Puerta del Sol, convertida en una típica plaza madrileña. En sus orígenes precedía la entrada a los arrabales, que entonces estaban cercados y marcaron el crecimiento de la primitiva villa.

Madrid cristiano. Se cree que Madrid cayó definitivamente en poder de los castellanos el 9 de noviembre de 1083. Entraron las tropas por la calle Alfonso VI –llamada así en honor de aquella efemérides– en el barrio que luego fue de la morería y muy cerca del zoco principal de los árabes, la actual plaza de la Paja.

Desde entonces nunca volvió a ser árabe, a pesar de las embestidas almorávides en 1110 y 1117. Pero las murallas que habían construido sucesivamente Mohamed I y Abderramán III resistieron con eficacia los ataques.

Madrid empezó a crecer, y nuevas murallas cercaron el reducto árabe. La **puerta de Moros**, la **puerta Cerrada** y la **puerta de Vanaldú** fueron algunas de las que se abrían en la muralla cristiana. Algunos de sus nombres todavía perduran. Paralelamente se extendieron arrabales, sobre todo en la zona del Arenal, protegidos por una simple cerca, cuyas entradas dieron origen a la **puerta del Sol** y al **postigo de Santo Domingo**.

Aquel Madrid medieval, que conoció a san Isidro labrando las tierras de Iván de Vargas, continuó siendo poco más que una pequeña villa frecuentada por algún monarca, especialmente de la Casa de Trastámara, para disfrutar de las posibilidades de caza de sus bosques.

Quedan de aquel período medieval monumentos como las **torres mudéjares de San Pedro el Viejo** y de **San Nicolás de los Servitas** y la **torre de los Lujanes**, del siglo xv, además del intrincado laberinto de callejuelas en torno a la plaza de la Paja.

El Madrid de los Austria. Con el primero de los Austria Madrid comenzó a tener cada vez más importancia, a pesar de que la villa se puso del lado de los Comuneros de Castilla, quienes, capitaneados aquí por

Padilla, se enfrentaron a las tropas imperiales en la puerta del Sol, levantando barricadas con las carretas que encontraron en la que desde entonces se llama calle Carretas.

Fue precisamente en Madrid donde estuvo detenido **Francisco I** de Francia, quien, según la tradición, estuvo recluido en la torre de los Lujanes entre 1525 y 1526. Dos años más tarde, las cortes de Castilla se reunían en los Jerónimos y el futuro **Felipe II** juraba como príncipe de Asturias.

Los reyes empezaron a poner más mimo en Madrid. **Carlos V** reformó el **Alcázar**. Se construyó la casa de Cisneros y, años más tarde, en lo que había sido un palacio del emperador, se edificó el **monasterio de las Descalzas Reales**. Todavía no se había terminado cuando Felipe II trasladó la corte a Madrid en 1561.

Sólo Madrid es corte. Excepto en el período comprendido entre 1601 y 1605, en que **Felipe III**, a instancias de su valido, el **duque de Lerma**, trasladó la corte a Valladolid, Madrid ya no dejaría de ser la corte de las Españas. ¿Qué motivó a Felipe II su decisión de trasladar la capitalidad desde la imperial Toledo hasta esta villa de osos y madroños? Pues seguramente su buen clima, sus posibilidades de caza y, especialmente, su proximidad al Monasterio de El Escorial.

En cualquier caso, Felipe II quiso dignificar la villa. Obra significativa de su época es el **gran puente de Segovia**, que mandó construir a Juan de Herrera: «puente para muchos mares» lo llamó Góngora, quien, lo mismo que sus contemporáneos Quevedo y Lope, se encarnizó con la grandiosidad de la obra, en contraste con aquel *aprendiz de río*, como llamaron al Manzanares. Un via-

Los otros madrileños

«También este año tuvo lugar la victoria de los madrileños contra los infieles enemigos de Dios, a quienes Él dejó malparados, distinguiéndose en la lid el caíd de Madrid Abu Omar, caíd de Madrid en aquel tiempo». Esto escribía en el año 929 el cronista árabe Ibn Hayyan. Lógicamente, cuando hablaba de los madrileños se refería a madrileños árabes. *Los infieles* eran precisamente las tropas castellanas, que no entrarían en la ciudad sino 154 años más tarde.

Estatua del oso y el madroño en la actual plaza de la Puerta del Sol. Esta figura, convertida en símbolo de Madrid, representa a un oso que intenta comer los frutos del madroño, un arbusto que crecía en los bosques de la antigua ciudad de Madrid.

Introducción

Ermita de la Virgen del Puerto.

Obelisco conmemorativo del 2 de mayo, día de la insurrección madrileña contra los franceses en 1808. Está situado en la plaza de la Lealtad.

jero extranjero escribía que «sería un puente hermoso si tuviese río». También son de este período el palacio de **El Pardo**, la **Casa de Campo**, las Descalzas Reales y la **casa de las Siete Chimeneas**.

Con la corte, Madrid desbordó sus cercas medievales. Las obras suntuosas, los palacios, iglesias y conventos se prodigaron. Se formó así lo que hoy llamamos el *Madrid de los Austria*, uno de cuyos artífices fue el arquitecto Gómez de Mora, discípulo de Herrera. Los mesones, las tabernas y las posadas se apiñaban ya, especialmente en la zona de la calle Toledo. Aparecían con timidez los primeros palacios en la zona del Prado. Nuevos barrios se extendían hacia el norte, como el de las Maravillas.

Madrid borbónico. «Madrid es una ciudad bastante grande (...) Las calles son bastante hermosas y anchas, pero mal pavimentadas (...) De todas sus puertas, sólo la de Alcalá es pasable. Las otras, propiamente hablando, son más bien entradas de pueblo.» Así hablaba de Madrid un viajero que la conoció en los mismos años en que se establecía en la corte el primer rey Borbón, **Felipe V**.

Los arquitectos Churriguera y, sobre todo, Pedro de Ribera, pondrían por aquellos años un acento recargado en el barroquismo madrileño. Era Madrid un hervidero de gentes. La **plaza Mayor** –mercado, patíbulo, plaza de toros, escenario de autos de fe– era el centro de esta villa. Pululaban los petimetres por la calle Mayor. En Montera eran famosas sus mancebías, con sus ramitas de olivo colgadas a la puerta; de ahí les viene a las prostitutas el nombre de *rameras*.

«Hay muchos locos en Madrid –escribe otro viajero de la época–. El amor, la religión y el calor del clima hacen perder la cabeza a los españoles.» La corte comienza a instalarse en el **palacio del Buen Retiro**, huyendo de la frialdad del viejo Alcázar que, finalmente, sería pasto de las llamas la Nochebuena de 1734.

Madrid neoclásico. Cuatro años más tarde se colocó la primera piedra del nuevo palacio, que no se ocuparía hasta el reinado de **Carlos III**, a quien Madrid llamó con justicia *el Rey Alcalde*. Había comenzado su reinado en 1759. En su transcurso, Madrid experimentaría la mayor transformación urbanística desde que había sido designada como corte de España.

Contó Carlos III con magníficos arquitectos, especialmente el italiano Sabatini y Juan de Villanueva. Gran parte de ese magnífico *Madrid neoclásico* se debe a estos arquitectos, sobre todo al segundo. A él le debe Madrid ese magnífico paseo que es el Prado y los edificios y estatuas que lo ennoblecen. La **puerta de Alcalá** es de Sabatini. La reconstrucción de la **plaza Mayor**, destruida en un incendio en 1790, es obra de Villanueva.

Madrid se agita. Un lunar en el reinado de Carlos III fue el **motín de Esquilache**, que se produjo en 1766. El Madrid amante de sus tradiciones no estaba a favor de las radicales reformas que quería imponer a toda costa el rey ilustrado.

Y es que el pueblo de Madrid, si es objeto de presiones, exterioriza un pronto más que subido. De ello tu-

De Madrid, Villa y Corte

Teatro Real. Es el primer teatro lírico de Madrid y uno de los principales de España. Situado frente a la plaza de Oriente, su fachada dirige la mirada hacia el palacio Real.

vieron constancia los franceses aquel mes de **mayo de 1808**. Se ignora qué impulso misterioso mueve los resortes de este pueblo. Tal vez esté en ese aire que tanto alaban los madrileños. **Goya**, en cualquier caso, nos dejó constancia de aquella furia.
José Bonaparte –aquel abstemio al que los madrileños bautizaron como *Pepe Botella*– intentó, sin embargo, ser por lo menos un buen alcalde, como lo había sido Carlos III. En su breve reinado urbanizó la **plaza de Oriente**, derribando para ello el barrio de callejas medievales, y lo mismo hizo con el barrio de Santiago.

El Madrid romántico y moderno. Madrid, más que ninguna otra ciudad de España, vivió intensamente aquel vaivén de liberales y moderados que llenó la vida política y social del siglo XIX. Fue, en muchos aspectos, un romanticismo trágico, muy a la española, que vio cómo ahorcaban en 1823 al **general Riego** en la plaza de la Cebada, en el mismo lugar en que el 6 de noviembre de 1837 sufriría garrote el bandolero **Luis Candelas**, que en un gesto bellísimo gritó a la multitud: «Sé feliz, patria mía». Aquel mismo año se suicidó el romántico Mariano José de Larra.
Pero la vida de Madrid seguía, y en 1850 la **reina Isabel** inauguraba el **Teatro Real** y un año más tarde, la primera línea de ferrocarril entre Madrid y Aranjuez. Por aquellas mismas fechas llegaba el agua del Lozoya, gracias a la construcción del **canal de Isabel II**: dicen que gracias a este agua el cocido madrileño es único.
En 1860 se aprueba el ensanche y se comienza a urbanizar el **barrio de Salamanca**. Ocho años más tarde cae Isabel II y siete después entra **Alfonso XII**. Termina

Introducción

Placa con un relieve en bronce de Don Quijote y Sancho Panza, que se halla en la fachada del edificio de la Sociedad Cervantina de Madrid.

Arriba, Museo Español de Arte Contemporáneo. Situado en la Ciudad Universitaria, contiene colecciones de pinturas y esculturas del siglo XX. Madrid cuenta con un gran número de museos.

el siglo con el desastre de Cuba, que ve nacer en Madrid la **generación del 98.**

El siglo XX casi se inaugura con un magnicidio, porque en 1906 sufre un atentado **Alfonso XIII**. El rey, sin embargo, sale ileso y puede inaugurar cuatro años más tarde las obras de la **Gran Vía**.

Hay que reconocer que la primera mitad del siglo XX tampoco fue muy tranquila para los madrileños. Durante la **guerra civil**, Madrid disfrutó del nada deseable privilegio de permanecer continuamente asediada. Dicen quienes vivieron los hechos que, a pesar de todo, se llegó a aceptar con estoica normalidad aquella situación, y que la gente aprendió a adaptarse a la guerra.

Tras la contienda llegó la verdadera explosión madrileña. Fueron años de crecimiento desmesurado e irracional, especialmente al final de los cincuenta y durante toda la década siguiente, que nos llevan hasta el Madrid actual, con sus problemas de gran urbe, pero también con magníficos ejemplos de arquitectura moderna y vanguardista, que hace de la villa una de las ciudades más interesantes de Europa. Ello sin perder ese aire popular que le caracteriza.

El clima de la capital

Hay dos cosas de las que se enorgullecen los madrileños: su cielo y su agua. El clima, a pesar de la contaminación, es para los madrileños el mejor del mundo. Su proximidad a la sierra y su altitud media, que ronda los 700 metros sobre el nivel del mar, hacen que la angustia del verano no se deje notar como en otros puntos de la Meseta. Sus noches, celebradas por Hemingway, son deliciosas, incluso en verano, salvo algunas canículares. Las mismas montañas protegen la villa de los vientos del norte y, dentro de lo que cabe, el invierno se sobrelleva mejor que en otras partes no muy alejadas. Además –siempre gracias al Guadarrama–, la humedad es escasa. Todo ello hace que el clima sea excepcionalmente saludable, en especial cuando la contaminación no lo estropea. Su fama en el pasado la atestiguan estos versos de Lope de Vega:

> *Estése Enrique en Madrid,*
> *que es hermosa población,*
> *y para su enfermedad*
> *eligió el cielo mejor*
> *que tiene villa en España.*

Quiñones de Benavente tampoco se quedaba corto en alabanzas:

> *Pues el invierno y verano*
> *en Madrid sólo son buenos,*
> *desde la cuna a Madrid*
> *y desde Madrid al cielo.*

Sobre este singular clima se han escrito páginas y páginas desde la Edad Media: es historia que los árabes lo alababan y que Carlos V y Felipe II lo tenían como muy saludable. De sus costumbres, nos habló un visitante, Guillermo Manier, en 1726: «Es bastante desagradable –afirma– andar de noche por las calles de Madrid, pues como no hay excusados, cada uno tiene un gran bacín, en el que hace todas sus porquerías. Lo conserva en el granero, y los criados lo vacían por la noche, gritando: «¡Agua va!» (...) Esto podría hacer

Las flores de la Glicina

Cada ciudad tiene su propio barómetro para señalar, de un modo heterodoxo, la entrada de las estaciones y, especialmente, de la primavera. Madrid cuenta para ello con la enorme Glicina del jardín del marqués de Salamanca, en el paseo de Recoletos. La estación se inaugura, popularmente, cuando vuelven los tordos al paseo y la Glicina florece, señal inequívoca del buen tiempo y del fin definitivo del invierno.

Lago de la Casa de Campo. Alejada del centro de Madrid, esta extensa finca, adquirida por Felipe II, es hoy uno de los mayores espacios verdes de los que disponen los madrileños y sitio obligado de paseo en una visita a Madrid.

Introducción

Cocido madrileño, plato rey de la gastronomía de Madrid. Está hecho a base de carne, tocino, hortalizas y garbanzos.

Las especialidades marineras con mariscos, si bien no son platos típicos madrileños, también pueden degustarse en restaurantes especializados.

creer que toda esa porquería deja mal olor durante el día, pero como el aire es allí tan sutil y tan devorador, los desechos se reducen a polvo antes de que amanezca.»

Y si el aire es magnífico para los madrileños, su cielo, su cielo velazqueño, es único. Especialmente en sus atardeceres, ese cielo nítido queda desgarrado por la policromía de magníficos cerros, que Velázquez reflejó maravillosamente con sus pinceles, y que pueden –y deben– contemplarse, con el Guadarrama al fondo, tal como los retrató el pintor de Felipe IV, desde las Vistillas, el palacio de Oriente o, si se quiere, desde ese magnífico baluarte que es el paseo de Rosales.

De Madrid al cielo

Y si el aire es extraordinario, ¿qué decir del agua? Aseguran los entendidos que el secreto, el verdadero secreto del glorioso cocido madrileño no está en los garbanzos, ni en la gallina, ni en el tocino, ni en las patatas, ni en la verdura, ni en lo que se le quiera echar a ese exquisito condumio matritense, sino en el agua del Lozoya, de la que disfrutan los madrileños desde mediados del siglo pasado, cuando se construyó el canal de Isabel II. Aunque se supone que ya antes los aguadores, ese oficio que perduró hasta entrado nuestro siglo, traían de aquel río del norte de las tierras madrileñas el agua para *condimentar* tan tradicional plato.

Con tantas virtudes, a los madrileños no les ha quedado más posibilidad que afirmar, orgullosos, aquel dicho popular: «De Madrid al cielo y un agujerito para

De Madrid, Villa y Corte

Poco antes del mediodía y al caer la tarde son las horas ideales para el tapeo en los bares, sobre todo en los de la parte vieja de Madrid.

verlo.» Lo cual dio pie a aquellos otros versos, preñados de la más auténtica socarronería madrileña:

> De Madrid al cielo,
> porque es notorio
> que va al cielo quien sale
> del purgatorio.

Madrid popular

Le viene a Madrid lo de **villa y corte** que ni pintado, porque, a pesar de ser una ciudad cosmopolita, ha sabido mantener ese aire popular y simpático, fanfarrón si se quiere, que hace gala de una chulapería sin malicia, preñada de casticismo, como si añorara sus profundas raíces de pueblo, entre manchego y castellano.

Es Madrid, desde luego, una villa agitada. Pero no hay que preocuparse. Lo ha sido siempre y el tráfago está ya inscrito en su propia genética urbana. Es como una gran ciudad-mercado, con mil oficios, cuestión sobre la que ya llamó la atención Lope de Vega en aquellos versos:

> Cosas la Corte sustenta
> que no sé cómo es posible.
> Que ve tantas diferencias
> de personas y de oficios,
> vendiendo cosas diversas.

Sin embargo, a pesar del barullo, Madrid sigue siendo una ciudad humana: callejera y amante de la charla, del tasqueo, de la calma del café, de la partida. No es muy casera que digamos, y parece que nunca lo ha sido, si tenemos en cuenta las más de 300 tabernas

Introducción

Huesos de Santo. Es una típica pasta dulce madrileña que puede tomarse como postre o probarse en cualquier momento. Junto con las rosquillas de la tía Javiera y los buñuelos de viento, conforman la gastronomía repostera de Madrid.

En la página siguiente, abajo, coro de la Real Ilustre Hermandad de Nuestra Señora del Rocío. Sus integrantes, ataviados con los típicos trajes andaluces, se desgranan por sevillanas durante las fiestas de la Comunidad de Madrid.

que había en el año 1600. Hoy los bares y las casas de comida son legión.

Gastronomía popular. ¿Cómo decirlo? Es corte, pero no cortesana. Y esto se ve perfectamente reflejado en su gastronomía popular –porque Madrid tiene una gastronomía esencialmente popular– con platos ante todo caseros, sin excesivas florituras.

¿Cuáles son esos platos madrileños, que desde luego pueden consumirse en cualquiera de los restaurantes madrileños-madrileños? El rey, sin duda, es el cocido, plato popular donde los haya: curiosamente, el mejor cocido madrileño tiene fama de comerse en L'Hardy, una casa que fundó un suizo en 1839 y que hoy conserva toda su decoración romántica y en absoluto castiza. En cualquier caso, L'Hardy es casi tan antiguo y tan madrileño como la Cibeles. En este mismo restaurante se puede y se debe saborear el otro plato madrileñísimo: los callos a la madrileña.

Aunque no suelen acompañar las comidas, sino el desayuno, los dulces más populares son, sin lugar a dudas, los churros: merece la pena trasnochar para tomarlos en la churrería de San Ginés.

Con los asados, al profano le da la impresión que se acaba el repertorio: asados de cordero y cochinillos, como los preparan en los magníficos hornos de Botín, el restaurante más antiguo de Madrid.

Sin embargo, no termina aquí el recetario. No se pueden olvidar, en absoluto, platos como la coliflor al ajo, las sopas de ajo y de zanahoria, las migas con huevos fritos, la tortilla de alcachofas o el bacalao a la madrileña, las sardinas y truchas en escabeche o los soldaditos de Pavía.

Tampoco merecen olvidarse los caracoles a la madrileña, la perdiz escabechada y el estofado de carne o el rabo de toro. Y para postre, los buñuelos de viento, los bartolillos, las rosquillas de la tía Javiera o los huesos de santo, que son exquisitos.

De verbena. Los madrileños, como los habitantes de cualquier pueblo, tienen también su apodo: los *gatos*. Dicen que en cierta ocasión, al ir a ayudar a Alfonso VI en la toma de un castillo, llegaron tarde. Le pidieron alojamiento al rey y éste les contestó: «Allí lo tenéis», señalando el castillo. Y los madrileños, ni cortos ni perezosos, se fueron para allá, a tomarlo, *y escalaron las murallas como gatos*. Total, que les quedó el nombre.

Le gusta al madrileño conservar sus tradiciones populares, y un ejemplo vivo de ello son sus fiestas y ferias. La más famosa, sin duda es la de San Isidro, con sus corridas de toros y sus verbenas. Se celebra la segunda semana de mayo.

Fiestas popularísimas son también las del dos de mayo, con su verbena en la plaza del mismo nombre. Las de San Antonio de La Florida, hacia el 13 de junio, en que las mozas casaderas van a la ermita a pedir novio mientras se celebra la verbena a orillas del Manzanares.

Pero entre las verbenas, sin duda la más famosa y popular gracias a la madrileñísima zarzuela, es la Paloma, que reúne lo más castizo de los madriles.

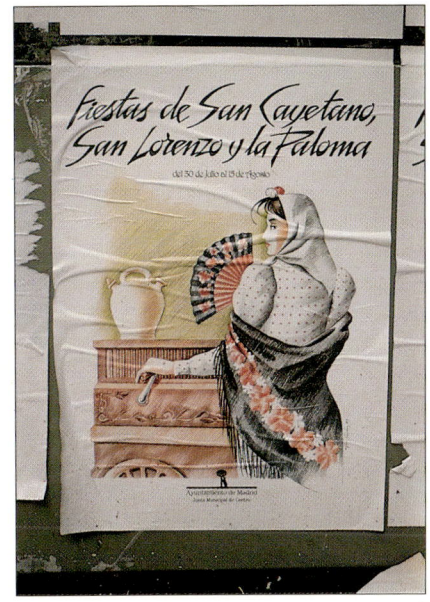

Con artísticos carteles, Madrid anuncia sus festejos más tradicionales. Son las fechas ideales para visitar la ciudad, la alegría de los madrileños resulta entonces muy contagiosa.

Itinerario Primero
EL VIEJO MADRID

La plaza Mayor de Madrid es uno de los legados arquitectónicos más monumentales de los tiempos de los Austria. Su grandiosa planta rectangular resulta tan impresionante como acogedora, sobre todo si se la observa desde sus agradables terrazas.

Callejear por el viejo Madrid es uno de los principales atractivos que ofrece esta ciudad que, a pesar de haberse convertido en una de las megápolis de Europa, ha sabido guardar un corazón popular, sencillo, simpático y extraordinariamente humano. Es difícil sentirse forastero en esta gran villa, con guiños de ciudad provinciana, donde uno se hace madrileño a ritmo de chocolate con porras, cañas con aperitivo, tapeo por las tascas, cocido o gallenejas.

La zona de los Austria y de los mesones
La zona de los mesones es, sin duda, una de las más características del Madrid de siempre. Entre los buenos asados, tapeo y vinos de la tierra se entremezcla el Madrid antiguo, con aires moriscos y medievales, donde el callejeo es una obligación, y el Madrid de los

Rutas del viejo Madrid

Si vas a Madrid,
la plaza Mayor,
verás los lechuguinos
bailando el rigodón
con los zapatos blancos
y las medias de Algodón

Canción popular.

El viejo Madrid

Austria, que arranca, mejor que de ninguna otra parte, de la plaza Mayor, esa grandiosidad de cuando la villa quiso ser corte sin dejar su aire popular.

8 La plaza Mayor. Pocas plazas mayores lo son tanto como la de Madrid. Este vasto rectángulo de 120 por 94 metros resulta grandioso, pero a la vez acogedor, tal vez porque al estar concebido según las proporciones exactas de la **sección áurea**, guarda un equilibrio que lo convierte en uno de los lugares más apacibles de la ciudad.

Bajo sus soportales hoy se cobijan muchos bares y restaurantes destinados fundamentalmente al turismo y a los amantes del *tapeo*, que en Madrid son legión. Pero también hay viejos comercios que le dan un toque deliciosamente popular y provinciano –ese provincianismo que se derrama por casi todos los rincones de esta Villa y Corte–, como algunas sombrererías, las más antiguas de Madrid (Santiago Bustillo fue fundada en 1818, como reza el cartel), donde pueden encontrarse desde la clásica gorra madrileña hasta el también madrileñísimo bombín. No faltan las tiendas de efectos militares, que venden medallas, uniformes y sables, ni los inevitables establecimientos de lo *typical*. Las mañanas de los domingos y días festivos se celebra aquí el **mercadillo filatélico** y durante las Navidades se

Plaza de ejecuciones

«¿Pendencia con Verdugo y en la plaza...? Mala señal, por cierto, le amenaza», escribió el conde de Villamediana a raíz de una pelea que el marqués de Siete Iglesias, Rodrigo Calderón, tuvo con el capitán Fernando Verdugo en la plaza Mayor. Cayó en desgracia el poderoso marqués y tuvo el dudoso honor de ser uno de los primeros ejecutados en esta plaza, el 21 de octubre de 1621. De su muerte queda el dicho: *Tiene más orgullo que don Rodrigo en la horca*, porque cuando iba a ser degollado, exigió que lo hicieran por delante, como le correspondía por su nobleza.

En la estructura arquitectónica de la plaza Mayor destacan sus soportales, a cuyo cobijo florecen mesones, bares de tapeo y tiendas de venta de recuerdos. También es centro de mercadillos y, por Navidad, de la típica feria de belenes y abetos.

Itinerario Primero

Las paredes decoradas que rodean la plaza de Puerta Cerrada son tan coloridas como originales y se han convertido en sinónimo de este espacio situado al final de la calle de Cuchilleros, en el viejo Madrid.

Autos de fe

Autos de fe los hubo realmente famosos, como aquel de 1680 que duró 12 horas, contra ochenta judaizantes, de los que 21 fueron quemados vivos. Así era el desenlace de un auto de fe, descrito por un autor de la época «La hoguera tenía sesenta pies en cuadro y siete de altura. Se subía a ella por una hermosa escalera, estaba sólidamente construida, a fin de que la justicia se hiciese sin dificultades y que los frailes pudieran asistir a los criminales atados a postes puestos en fila (...) No se sabría alabar demasiado el celo de los religiosos que fueron empleados en convertir a esos desgraciados. Hubo cinco de ellos que se arrepintieron; y al instante se vio brillar sobre su rostro el efecto de la gracia (...) Todos los relapsos fueron quemados vivos: los cadáveres no fueron reducidos a cenizas sino a eso de las nueve del día siguiente por la mañana» (J. F. Peyron).

colocan los tenderetes de accesorios para belenes y de abetos. En otoño, este recinto acoge una feria del libro.

La plaza Mayor marca, de algún modo, el origen cortesano de la villa. El primer proyecto de construcción fue encargado por Felipe II a Juan de Herrera, para remodelar la antigua plaza del Arrabal, que se encontraba en el mismo lugar, extramuros, y que era escenario de un importante mercado. Sin embargo, su aspecto era destartalado, y el monarca que en 1561 instaló la corte en la villa, quiso que se urbanizara una plaza acorde con la categoría que Madrid había adquirido.

Sin embargo, el proyecto de remodelación no se llevaría a cabo hasta el siglo siguiente, en 1617, cuando Felipe III lo encomendó al discípulo de Juan de Herrera, Gómez de Mora, que respetaría el edificio de la casa de la Panadería.

La plaza Mayor, tal como hoy la conocemos, se debe en gran parte a Juan de Villanueva, que hubo de restaurarla a raíz del incendio que la destruyó en 1790. Antes ya había sufrido otros en 1631 y 1672. El resultado fue este magnífico rectángulo, donde destacan en su lado norte, los capiteles de la casa de la Panadería, y en el sur, los de la casa de la Carnicería. Ambos edificios pertenecen hoy al Ayuntamiento.

▶ **La casa de la Panadería** es, en su origen, una obra de 1590, cuyos bajos estaban destinados a la venta de pan y los pisos superiores a habitaciones reales. Desde 1880 se guarda aquí el *Archivo de la Villa*. En su interior hay que visitar el **salón Real**, decorado con frescos del siglo XVII realizados por Claudio Coello y

El viejo Madrid

José Ximénez Donoso, así como por un zócalo de azulejos de Talavera.

Celebraciones, autos, toros, ejecuciones. La plaza se inauguró el 15 de mayo de 1620, para conmemorar la beatificación de san Isidro, patrón de Madrid. El mismo Lope de Vega intervendría en el acto, componiendo los poemas que se recitaron. Se levantaron tinglados –que a partir de entonces se guardaban para las diversas conmemoraciones en los sótanos de la casa de la Panadería– con capacidad para 50.000 personas. Los 3.500 vecinos de la plaza podían seguir los actos desde los 477 balcones que daban a la misma.

Dos años más tarde se celebraba en el mismo lugar la canonización del patrón de Madrid, junto a la de Santa Teresa de Jesús, San Ignacio de Loyola, San Francisco Javier y San Felipe Neri. Se representaron dos comedias que Lope de Vega había escrito para la ocasión.

Proclamación de reyes, autos sacramentales, ejecuciones y fiestas de toros llenaron de historia esta plaza. El último gran acontecimiento fue la proclamación como reina de Isabel II, el 29 de septiembre de 1833.

El ambiente cotidiano de la plaza está hoy marcado por los turistas y por los jóvenes, que se sientan en torno a la **estatua de Felipe III**, obra del siglo XVII, que estuvo en la Casa de Campo, hasta que se colocó en 1847 en el centro de esta plaza.

El Arco de Cuchilleros

Por el lado suroeste de la plaza, entre mesones típicamente madrileños, se sale por el denominado Arco de Cuchilleros. Descendiendo por la escalinata se en-

Plaza de Puerta Cerrada. El nombre se lo debe a una antigua plaza que permaneció cerrada durante mucho tiempo.

Arco de Cuchilleros, situado en el extremo suroeste de la plaza Mayor.

Itinerario Primero

Restaurante Las Cuevas de Luis Candelas, que hace referencia a este legendario bandolero madrileño. El tradicional restaurante se halla a poco de descender las escalinatas del Arco de Cuchilleros.

«¡Sé feliz, patria mía!»

Luis Candelas fue el último bandolero romántico de Madrid. Evoca su nombre y su leyenda el restaurante Las Cuevas de Luis Candelas, que se encuentra en el pintoresco Arco de Cuchilleros. Allí dicen que estuvo aquel *bandido generoso*, que nació en el barrio de Lavapiés y finalizó sus días en la plaza de la Cebada, donde se levantó su patíbulo el 6 de noviembre de 1837. Cuentan que cuando dirigía su discurso moral de rigor el numerosísimo público que había acudido a contemplar el *espectáculo*, al percatarse de las caras risueñas y expectantes de la gente, sonrió y dijo: «¡Sé feliz, patria mía!». Fueron sus últimas palabras.

cuentra el mesón **Las Cuevas de Luis Candelas**. Aquí estuvo el famoso bandolero madrileño, que trajo de cabeza a las autoridades y que sufrió garrote vil en 1837, después de pronunciar su famosa frase. «Sé feliz patria mía».

De mesones. La empinada escalinata nos va a dejar en la **calle de Cuchilleros** y, de entrada, en una de las más típicas zonas de mesones. En el número 17 se encuentra el restaurante más antiguo de la ciudad –el hecho está recogido en el libro *Guiness* de los récords–, **Casa Botín**, fundada en 1725. El horno de asar es de la época y en él se siguen haciendo el excelente cordero y el cochinillo, que se acompañan con jarras de Valdepeñas. También se preparan sopas castellanas y, de postre, bizcocho relleno de crema.

Desemboca esta calle en la **plaza de Puerta Cerrada**, llamada así porque la que existió hasta 1569 se mantuvo durante mucho tiempo cerrada, pues la gran cantidad de malhechores que se amparaban en los recodos convertían este sitio en una zona especialmente peligrosa. Esta puerta se llamó antes **de la Culebra**, por la que tenía esculpida en una piedra. Hoy atraen la atención las pinturas que decoran las paredes medianiles de sus casas.

En **Casa Paco**, una de las tabernas con más sabor madrileño, se pueden tomar buenas carnes rojas, lo mismo que jamón ibérico y callos a la madrileña. En **A Esquiñiña** se puede tapear a la gallega, lo que tampoco está nada mal.

La Cava Baja

Siguiendo el trazado de la antigua muralla pasamos a la **calle de la Cava Baja**, repleta de comercios curiosos: tiendas de fuelles, cordelerías, cererías, cacharrerías, tonelerías... Todos ellos imprimen sabor popular a esta calle, que conserva algunas de las posadas y mesones más antiguos de Madrid, como el **Mesón del Segoviano**, con un zaguán que resume lo más auténtico de la imagen del viejo Madrid.

Al amparo de la tradición hostelera de la calle existe un buen número de excelentes restaurantes, entre los que destaca **Casa Lucio**, uno de los más famosos de Madrid y verdadero escaparate de famosos. Otros establecimientos recomendados son **Esteban, El Schotis** o **El Viejo Madrid**, este último ligado a Casa Lucio. Quedan también verdaderas reliquias de la vieja hospedería madrileña, como la posada **El León de Oro**, entre otras sitas en esta curiosa calle madrileña.

De la Cava Baja salimos a **Puerta de Moros**, conjunto anárquico de plazas –del Humilladero, de la Cebada, de los Carros, de Moros– unidas sin solución de continuidad. Aquí hubo una puerta de la muralla y un importante mercado de granos.

Barrio de la Paloma

La calle de la Paloma ha dado nombre a este barrio que inmortalizó la zarzuela *La Verbena de la Paloma*, de Bretón: por cierto, se dice que don Hilarión existió realmente y tenía la botica en el número 13 de la calle del Humilladero. La historia arranca de 1787. Llevaban a la Virgen de las Maravillas en procesión, cuando a

El viejo Madrid

una paloma se le ocurrió seguirla, hecho que a los devotos les pareció prodigioso –lo que daría pie al nombre de la calle–. La paloma volvió a su palomar, en el convento del barrio, y allí apareció un cuadro en la leñera, sobre cuya procedencia los autores no se ponen de acuerdo. Total, que los vecinos dijeron que era la Virgen de la Soledad. Asociaron los hechos de la paloma y el cuadro, y éste se convirtió en la imagen de **la Virgen de la Paloma**, que ahora se venera en la iglesia que se construyó en 1896, en sustitución de la capilla anterior, muy visitada por María Luisa de Parma e Isabel II.

Basílica de San Francisco el Grande; dice la tradición que fue el mismo santo de Asís el que fundó el templo en 1214. La construcción, de la que destaca su gran cúpula, está considerada como el mejor edificio religioso de Madrid. Se halla cerca del palacio Real.

Itinerario Primero

Contrafrente de la basílica de San Francisco el Grande; la actual construcción fue inaugurada el 8 de diciembre de 1784. En las dependencias de su claustro hay una importante pinacoteca con obras de Velázquez y Rubens, entre otros.

Como el rosario de la aurora

Todos los sábados, con la aurora, se formaba la procesión. Salía de San Francisco el Grande y se iniciaba en la calle del Rosario. Iba presidida por la venerada imagen de la Virgen de la Aurora. Los *auroros* y cofrades llevaban treinta y seis monumentales faroles. En cierta ocasión se cruzaron en la calle de los Remedios con la cofradía del Henar. Sucedió que ni unos ni otros se avinieron a ceder el paso a la otra comitiva. Discutieron, se encresparon los ánimos y acabaron a farolazos. Intervinieron las autoridades y se prohibió el rosario de San Francisco. Y de aquí el dicho: *Acabó como el rosario de la aurora.*

De tascas. Haremos un merecido alto en la ruta para aventurarnos por las **calles Tabernillas, Ángel, Mediodía Grande** o **Calatrava**, para reponer fuerzas en las innumerables tabernas de esta zona, alguna tan castiza como **Bodegas Moreno**, en la calle Calatrava, o tan magnífica como la de **Tomás**, en Tabernillas, 23. Pero hay que insistir en que se impone un recorrido, y se recomienda asomarse al interior, dar un respingo por las barras y escudriñar el ambiente. Merece la pena.

Antes de seguir, cruzaremos la plaza para tomar la Carrera de San Francisco y visitar uno de los mejores edificios religiosos de Madrid.

Basílica de San Francisco el Grande

Según la tradición, el mismo San Francisco de Asís fundó este convento en 1214. En el siglo XVIII, el antiguo edificio era ya insuficiente para albergar a los frailes, y la iglesia resultaba reducida en exceso, por lo que se pensó en la construcción de un nuevo cenobio. Hubo dos proyectos, uno del arquitecto Ventura Rodríguez, inspirado en la basílica de San Pedro del Vaticano, y otro del fraile Francisco Cabezas, que concibió el templo como una gran cúpula de 33 metros de diámetro y 42 de altura. El mismo fraile dirigió la obra hasta que, al encontrar graves problemas para su ejecución, le sucedió el arquitecto Antonio Plo y a éste el arquitecto de Carlos III, Sabatini. Se inauguró la basílica el 8 de diciembre de 1784.

Este monumento fue durante un tiempo Panteón de Hombres Ilustres: aquí se depositaron los restos de los escritores Juan de Mena, y Garcilaso de la Vega, Quevedo y Calderón de la Barca y de los arquitectos Ventura Rodríguez y Juan de Villanueva, entre otros. Aquí

se celebraron también los funerales por Alfonso XII.
Interior. Se entra atravesando el **atrio** construido por Sabatini. El paso al templo se hace por unas interesantes **puertas de nogal** talladas. Sorprende en el interior la magnificencia de la cúpula. Las obras más interesantes que pueden verse son, en primer lugar, las **sillerías**. Una de ellas perteneció al monasterio de El Parral, en Segovia. Fue tallada por Bartolomé Fernández en 1526. Se encuentra repartida entre la capilla mayor y la sala capitular. La del coro, gótica, se trajo tras la desamortización del monasterio de El Paular, en el valle de Lozoya. Otra sillería barroca, también de El Paular, se encuentra en la antesacristía y la sacristía.

En la tercera capilla de la izquierda, según se entra, se encuentran cuadros de Goya –un *San Bernardino* de la primera época del pintor, en la que se autorretrató el artista–, Calleja y González Velázquez. En la primera del lado derecho hay una *Inmaculada* de Maella.

En el **claustro** se encuentra una **pinacoteca**, en la que destacan las obras de Velázquez, Rubens, Zurbarán, Ribera, Sánchez Coello, Ribalta y Carducci.

Las visitas se realizan con guía de 11 a 13 y de 16 a 19 horas, excepto los domingos y festivos.

A la derecha de la plaza de San Francisco, por la Gran Vía de San Francisco, encontramos la calle del Rosario, donde tuvo lugar el famoso rosario de la aurora que hizo famosa la frase de *acabar como el rosario de la aurora*. Paralela a ella se encuentra la calle de San Bernabé, donde puede visitarse el **hospital de la Venerable Orden Tercera de San Francisco**, obra del siglo XVII. Se conservan frescos de Ardemans y lienzos de Van Dyck y Carreño de Miranda.

Parque de Las Vistillas. Es uno de los más populares de la villa; desde él se tiene una bella vista de las sierras.

Tan pintorescos como el mismo parque son los bares en Las Vistillas.

Itinerario Primero

Cartel de un bar de Las Vistillas. Cercano al parque está el antiguo barrio de la Morería.

El actual viaducto, por el que discurre bajo sus arcos la calle de Segovia, se proyectó en 1931.

Las Vistillas

Regresando de nuevo a la plaza de San Francisco y siguiendo por la calle de San Buenaventura, llegamos a la plaza de Gabriel Miró. En la esquina hay una casa con un hermoso mirador, donde tuvo su estudio el pintor Zuloaga, cuya estatua adorna la plaza. Desde aquí, por una escalinata o por la Cuesta de los Ciegos se llega a la parte alta del parque de las Vistillas, uno de los lugares más populares de Madrid. Muchos madrileños vienen aquí a merendar o simplemente a contemplar, con una cerveza y unas tapas, desde las terrazas, las magníficas vistas de la Casa de Campo, con la sierra de Guadarrama al fondo, o los ábsides y las torres de la Almudena o, simplemente, los arcos del viaducto. En los atardeceres, cuando Madrid se adorna con sus característicos cielos velazqueños, el panorama es soberbio. Más optimista o devota, una multitud de creyentes se congregó en este lugar para observar, en 1886, una comitiva celestial que tenía que aparecer por la sierra, en dirección a Toledo.

El viaducto y la Morería

El viaducto es una de las construcciones más características de esta parte de Madrid. Es el segundo que se construyó para salvar la calle Segovia, que corre bajo sus arcos. El primero se inauguró en 1874, con el traslado de los restos de Calderón de la Barca desde San Francisco el Grande al cementerio de San Nicolás. El que ahora vemos fue proyectado en 1931. Los madrileños de siempre miran con cierto candor morboso a este viaducto, que fue lugar preferido de los últimos suicidas románticos, que se tiraban de él por amor.

Puente de Segovia, sobre el Manzanares. Su construcción data de 1584 y se levantó por orden de Felipe II. La grandiosidad del puente –tiene nueve arcos– fue satirizada por Góngora y Quevedo, que hacían alusión a tan monumental arquitectura para cruzar un río tan pequeño.

Cruzando desde las Vistillas la calle Bailén, entraremos en la antigua Morería madrileña, por la calle que lleva su nombre hasta la plaza llamada asimismo de la Morería. Es recomendable callejear por este Madrid morisco, pasar por la plaza del Alamillo, subir por la calle Alfonso VI –bautizada así porque por esta cuesta este rey tomó Madrid–, encontrar los viejos palacios, los pocos que aún quedan, como el del **duque del Infantado**, en la calle de Don Pedro, o el que hace esquina con las calles Alfonso VI y Redondilla, que hoy alberga el **colegio de San Ildefonso**, popularísimo entre los españoles, ya que sus alumnos son los que desde 1771 cantan los números de la Lotería Nacional. En este barrio vivieron San Isidro Labrador y su esposa, santa María de la Cabeza.

Plaza de la Paja. Estuvo aquí el zoco más importante de la ciudad mora. En la Edad Media fue el lugar de residencia preferido por la aristocracia. Nos hallamos en zona de buen comer, y un magnífico botón de muestra lo constituye el restaurante vasco **Gure-Etxea**, uno de los más antiguos y prestigiosos de esta cocina. De los muchos palacios que en otro tiempo se levantaron sólo queda en pie el de **los Vargas**, de fachada renacentista, rematada con una galería de arcos. Su capilla es una de las construcciones más interesantes del siglo XVI madrileño.

La **capilla del Obispo** fue mandada construir a principios del siglo XVI por Francisco Vargas, con el fin de que albergara los restos de San Isidro, que reposaron aquí desde 1518 a 1544. Conviene recordar que el santo patrono trabajó para los antepasados de

Itinerario Primero

Una de las dos hornacinas barrocas del puente de Toledo, sobre el Manzanares. Cada una guarda las figuras de San Isidro y Santa María de la Cabeza.

El río Manzanares. A su paso por Madrid, una parte de la villa se asoma sobre sus orillas y configura un paisaje típico de la ciudad.

Francisco Vargas en el siglo XII. Se llama *del Obispo* por el de Plasencia, que la convirtió en su propia capilla funeraria.

El conjunto es una de las mejores y escasas muestras manieristas madrileñas. Se pueden admirar las puertas principales, con relieves tallados; el **retablo**, manierista, obra de Francisco Giralte, que también intervino en la talla de las puertas; y, por último, el magnífico **sepulcro del obispo Gutierre de Carvajal**.

Por la costanilla de San Andrés –siguen los mesones, como el de San Isidro– llegamos a la antigua **parroquia de San Andrés**, de la que sólo merece la pena mencionar su **torre**, único resto antiguo de la iglesia. Adosada a ésta se encuentra la **capilla de San Isidro**, uno de los mejores ejemplares barrocos madrileños, que albergó el cuerpo del patrono de Madrid hasta que fue trasladado a la catedral. En este solar estaba el cementerio de San Andrés, donde fue enterrado por primera vez el santo, que luego pasaría a la capilla del Obispo, volvería en el XVII a este sitio y sería finalmente trasladado a su definitivo lugar de reposo.

De la **plaza de los Carros** giraremos a la izquierda por la costanilla de San Pedro, que nos lleva hasta la **iglesia de San Pedro el Real**, con su torre del siglo XIV, la cual tuvo una campana milagrosa, capaz de alejar las tormentas. En la portada sur se encuentran los únicos escudos reales que conserva Madrid anteriores a los Reyes Católicos.

Por la costanilla de San Pedro bajaremos hacia la **calle Segovia**, que es un excelente lugar para el copeo, en locales, algunos de ellos instalados en antiguas bodegas, donde se puede escuchar música mientras se charla o se bebe.

Los puentes del Manzanares

Se prolonga la calle de Segovia hacia el Manzanares, aquel *aprendiz de río* como lo llamó Quevedo. De los puentes que lo cruzan dos son verdaderamente magníficos.

El puente de Segovia. Nueve ojos tiene este grandioso puente de sillares almohadillados de granito, mandado construir por Felipe II a su arquitecto Juan de Herrera hacia 1584. *La puente segoviana*, como se le conocía en su época, fue objeto de las feroces sátiras de los escritores coetáneos, especialmente de Quevedo y Góngora, que ridiculizaron el hecho de que se tendiera un puente tan monumental para salvar un río tan pequeño.

El puente de Toledo. Aguas abajo se construyó este puente en 1732. Daba acceso a la calle de Toledo y sustituía al anterior hundido en 1720. Es obra del arquitecto Pedro Ribera. Destacan en el centro las hornacinas barrocas con las figuras de san Isidro y santa María de la Cabeza, patronos de Madrid.

En la calle Segovia se encuentra la **plaza de la Cruz Verde**, donde tenían lugar los terroríficos autos de fe montados por la Inquisición. Aquí se encontraba la Escuela de Humanidades, que dirigiera López de Hoyos y donde estudiara Miguel de Cervantes, tal como lo recuerdan las placas redactadas por Mesonero Romanos.

El viejo Madrid

Seguiremos callejeando por la calle del Conde –a la izquierda, la **plaza de San Francisco**, resto de un adarve musulmán, donde se anunciaba la salida de la Inquisición y donde es casi obligado detenerse en el popular **mesón de San Javier**– hasta la recoleta **plaza del Cordón**, llamada así por el que adorna la portada del palacio de los condes de Puñoenrostro. Siguiendo por la **calle de San Justo**, encontramos una de las mejores iglesias barrocas de Madrid.

Basílica de San Miguel. Fue proyectada por Santiago Bonavía en 1739. Hoy desarrolla aquí sus actividades religiosas el **Opus Dei**. Sin duda lo más destacado es la solución curva de la fachada, que consigue dar impresión de grandiosidad pese a la estrechez a que la someten las dos callejuelas que corren paralelas a sus lados.

La de la derecha, **el pasadizo del Panecillo**, está cerrada por una verja, donde se abre la **portada barroca** del palacio Arzobispal. En la de **Puñoenrostro**, a la izquierda, se ocultó Antonio Pérez cuando fue acusado de conspirar contra Felipe II. Su intención era acogerse a sagrado en la parroquia de San Justo, que ocupaba el solar de la actual basílica de San Miguel. Fue detenido en los desvanes de la parroquia.

Enfrente mismo de la basílica, y en un callejón que desciende hacia la calle Segovia, estaba el palacio de Iván de Vargas, al que sirvió san Isidro.

Si se quiere casar... Por la calle San Justo llegamos hasta la calle Segovia. A la derecha se encuentra la **Nunciatura**, enfrente Puerta Cerrada –se puede hacer

Basílica de San Miguel, construida por Santiago Bonavía en 1739.

La casa de la Villa, el actual Ayuntamiento madrileño.

Itinerario Primero

Las casas de los duendes

En la calle Sacramento, entre las calles Travesía y Duque de Nájera, hay dos casas con un halo de misterio. La primera, que tiene una cruz en el tejado, se llamó Casa de los Duendes por los extraños ruidos que se oían por las noches y que alarmaron al vecindario. En la segunda vivían dos mujeres cortejadas por un galán. Murió la primera y el mozo que era militar, continuó yendo. Pero un buen día nadie le abrió la puerta. No preocupó esta irregularidad porque seguía escuchándose el piano en el interior. Estuvo sonando con frecuencia hasta que un día enmudeció. Preocupados los vecinos llamaron a la autoridad. Cuando ésta penetró, encontró a la mujer muerta desde hacía mucho tiempo. También estaban muertos sus gatos: éstos, desesperados y hambrientos, habían saltado por toda la casa. También sobre el piano abierto, lo que engañó a los vecinos, que desde entonces llamaron a este casón *La casa de los Gatos*.

Plaza de la Villa, con la casa de Cisneros al fondo, una de las tres construcciones nobles que la convierten en una plaza exquisita. En el centro destaca la estatua del almirante Álvaro de Bazán.

de nuevo un alto en Casa Paco o en A Esquiñiña para tomar una tapa y reponer fuerzas–, y si se gira a la izquierda se coge la **calle de La Pasa**, por aquello del refrán de que «quien no pasa por la calle de la Pasa, no se casa». Viene el dicho porque los madrileños tenían que ir a la sede episcopal para arreglar los papeles antes del matrimonio.

Callejeando. Podemos seguir deambulando por estas tranquilas calles del Madrid antiguo, cruzando plazas recoletas como la del Conde de Barajas o el Conde de Miranda, y por la calle de Puñoenrostro descenderemos de nuevo hasta la plaza del Cordón. En el otro extremo se encuentra la **calle Sacramento**, adonde da la primitiva portada de uno de los palacios más interesantes de este recogido Madrid: **la casa de Cisneros**, de la que se tratará al describir la plaza de la Villa.

Duendes y gatos. Seguiremos por la calle Sacramento, que, una vez pasada la casa de Cisneros, se abre en una recogida plaza. En la acera de la izquierda se encuentra el **palacio O'Reilly**, del siglo XVIII. Giraremos a la derecha, dejando a la izquierda las **casas de los Duendes y de los Gatos**, y subiremos la costanilla que, bajo el arco que une las casas de Cisneros y de la Villa, nos lleva hasta una de las plazas más deliciosas de Madrid.

La plaza de la Villa

Es, sin lugar a dudas, una de las plazas más exquisitas de Madrid. Este rincón fue primero un zoco árabe y luego, durante toda la Edad Media, continuó siendo un mercado. El concejo de la Villa ya se reunía

El viejo Madrid

aquí desde 1405, concretamente en el pórtico de la desaparecida iglesia de San Salvador, donde también se encontraba el «rollo».

El conjunto actual, abierto por uno de sus lados a la calle Mayor, está formado por tres de los edificios más característicos de la ciudad: la casa de la Villa, la casa de Cisneros y la torre, y la casa de los Lujanes.

8 **La casa de la Villa.** Fue el primer edificio que se construyó expresamente para albergar al Concejo de la Villa. El proyecto se le encargó en 1640 a Juan Gómez de Mora, arquitecto herreriano que dotó al edificio de dos puertas: una para el Concejo y la otra para la cárcel, que era la segunda función del conjunto. Los detalles barrocos de las portadas, así como el remate de las torres laterales, son ya aportaciones realizadas por el barroco Ardemans a partir de 1670. En 1787, Juan de Villanueva añadió el balcón con columnas que da a la calle Mayor, y que servía como palco real durante la procesión del Corpus.
Interior. Lo primero que encuentra el visitante en el interior es la **escalera de honor**, adornada con una estatua de Goya y varios tapices del siglo XII. Hay varias estancias pintadas con frescos, entre los que destacan los de la antigua capilla realizados por Palomino, que cuenta también con un gran óleo en el despacho del secretario y con un lienzo de Vicente López. En la **sala de Visitas** puede contemplarse un grabado del plano de Madrid, que es el más antiguo que se conoce: fue realizado por Wit en 1622. Además de otras valiosas obras de arte, pueden apreciarse estancias como **el patio de cristales** o documentos de gran valor histórico como los

Detalle de la casa de Cisneros, que perteneció a un sobrino del célebre cardenal. Situada en la plaza de la Villa, está considerada como el mejor palacio madrileño; es de estilo plateresco, del siglo XVI.

El orgullo del emperador

Cuando Francisco I de Francia cayó prisionero en la batalla de Pavía, fue entregado para su custodia al capitán de los Tercios don Hernando de Alarcón. Era éste propietario de la torre de los Lujanes en la plaza de la Villa de Madrid, y aquí, según la tradición, permaneció recluido el rey. Se dice que Carlos V no soportaba que Francisco I no le hiciera la más mínima reverencia. Mandó entonces el emperador que rebajasen el dintel de la puerta de la habitación del prisionero, para que éste se agachara ante su presencia.

Torre y casa de los Lujanes, otro de los edificios palaciegos que se asoman a la plaza de la Villa. Este conjunto monumental corresponde a los siglos xv y xvi y es uno de los pocos monumentos civiles de aquella época que se conservan en Madrid.

privilegios concedidos a la villa de Madrid por Alfonso X en 1262 y Juan I en 1383.

La casa de Cisneros. Es uno de los mejores palacios madrileños del siglo xvi, de estilo plateresco, del que fue propietario Benito Jiménez de Cisneros, sobrino del gran cardenal. Su fachada original está en la calle Sacramento. En su conjunto, el edificio fue reconstruido por Luis Bellido entre 1910 y 1915, después de que lo adquiera el Ayuntamiento. Está unido desde entonces por un arco a la Casa de la Villa. La reconstrucción fue llevada a cabo recuperando elementos de este y de otros palacios. En su interior, lo más destacado es la **sala de los tapices**, donde se pueden admirar un magnífico **artesonado** y dos valiosísimos tapices del siglo xv, junto a otros del xvii. Otros tres espléndidos tapices de los siglos xv y xvi se guardan en el primer salón de Comisiones. En la **galería de Comisiones** hay dos curiosas pinturas que representan sendas vistas de Madrid desde el mismo punto: una de Wyngarde, realizada en 1561; la otra, de época moderna. En el segundo salón de Comisiones se conserva el artesonado de 1537.

Torre y casa de los Lujanes. El conjunto es uno de los escasos monumentos civiles que se conservan en Madrid de los siglos xv y xvi. La torre corresponde al siglo xv. Llama la atención el arco de herradura apuntado de su entrada, que da al callejón de El Codo. Se dice que aquí estuvo prisionero Francisco I de Francia, bajo la custodia de Hernando de Alarcón, entonces propietario de la casa y cuyas armas campean en la entrada principal, que da a la plaza de la Villa. Hoy el edificio alberga la Sociedad Económica Matritense y la Academia de Ciencias Morales y Políticas.

La **casa de don Álvaro de Luján** está al lado de la anterior. Su portada es mudéjar. En el zaguán se conservan los **sepulcros de Beatriz Galindo**, *la Latina*, **y de su esposo**. Es la sede de la Hemeroteca Municipal.

En el centro de la plaza se encuentra la **estatua de Álvaro de Bazán**, héroe de Lepanto y conquistador de Túnez. En la base, unos versos de Lope de Vega glosan al marino.

Terminaremos esta ruta deambulando de nuevo por la **calle del Codo**, para llegar de nuevo a la de Puñoenrostro y girar a la izquierda a la **plaza del conde de Miranda**, cerrada en uno de sus lados por la tapia del **convento de las Carboneras**. Sobre el altar de su iglesia se encuentra una *Ultima Cena* de Vicente Carducho. Se baja luego hasta la calle del conde de Barajas, y por la del Maestro Villa se llega a Cuchilleros y a los contrafuertes de la plaza Mayor, en el lado que da a la **Cava de San Miguel**, antiguo foso de la muralla del siglo XII y por otra parte, auténtico rincón *galdosiano*, ya que don Benito Pérez Galdós situó en el número 11 de esta calle el epicentro de su *Fortunata y Jacinta*. Hoy es uno de los característicos rincones de mesones y tascas. Y finalizaremos en la **plaza de San Miguel**, donde destaca su **mercado**, característica construcción de hierro de 1916.

Placa con nomenclatura de la calle del Codo, situada a un costado de la plaza de la Villa. A ella se asoma una de las entradas de la torre de los Lujanes.

Cava de San Miguel, una calle con historia. En el número 11, Benito Pérez Galdós centró la historia de su novela Fortunata y Jacinta. *Hoy es una tradicional calle de mesones.*

Itinerario Segundo
DE SOL A ORIENTE: LA RUTA DE LOS REYES

Saldremos de Sol y recorreremos la vieja ruta que seguían los reyes para ir a palacio. Visitaremos también los monasterios reales, y finalizaremos en el popular barrio de Santiago, un oasis de callejuelas que conserva la iglesia más antigua de la villa, y que evoca el Madrid medieval.

La Puerta del Sol

La Puerta del Sol –Sol, como se le llama popularmente– es, sin ningún lugar a dudas, el centro, el meollo, el corazón de los Madriles, con su algo o su mucho de hecatombe urbana, de caos centralizado, de alud humano. Pero también de sabor galdosiano, entrañable y, sobre todo, popular. Un caos, a fin de cuentas, a la

La torreta con el reloj, las campanas y la bola que anuncian el comienzo del año caracterizan a la Casa de Correos, que asoma su construcción a la plaza de la Puerta del Sol, llamada popularmente Sol por los madrileños.

Vista general de la plaza de la Puerta del Sol. Popular y bulliciosa, es el corazón de Madrid. Rodeada de paradas de autobuses, bocas de salida del metro y un constante ir y venir de gente, es también punto de reunión de locales y visitantes.

medida del hombre; un caos de chotís, sainetero, simpático e incluso provinciano, que rezuma Madrid por todos lados.

Se llamaba del Sol la puerta que había aquí porque estaba orientada a levante. La forma actual de la plaza, si se observa proyectada en el plano, es también la de un sol naciente, con la calle Mayor y el tramo que la une con la Carrera de San Jerónimo formando la línea de horizonte, y las calles Arenal, Preciados, Carmen, Montera y Alcalá, delineando los rayos solares. Mientras que la plaza en sí es el mismo sol, apareciendo sobre el horizonte.

El actual diseño de esta plaza data de 1861, en que se duplicó su superficie, derribándose muchas casas y los conventos de San Felipe el Real, en la esquina con Mayor, qué fue durante muchos años *el mentidero* de la villa, así como el de Nuestra Señora de las Victorias. Costaron las reformas 58.541.886 reales. El principal promotor fue un millonario que se llamaba Manzanedo.

La Casa de Correos. La primitiva puerta, que se fortificó durante la guerra de los Comuneros, fue derribada en 1570, año en que hubo de ensancharse para recibir a Ana de Austria, cuarta esposa de Felipe II. La Casa de Correos, actual sede de la Presidencia de la Comunidad Autónoma de Madrid, fue cons-

Rótulo en cerámica de la Puerta del Sol, en la plaza del mismo nombre. La denominación se debe a una antigua puerta que estaba orientada a Levante. El actual diseño de la plaza data de 1861.

La Puerta del Sol

Esta es la Puerta del Sol,
si se puede llamar puerta
aquesta que, en ningún caso,
ni se entorna ni se cierra.
Esta es de todo Madrid
la más celebrada mezcla,
y la Botica mayor
a donde todo se encuentra.

Itinerario Segundo

Detalle de una esquina de la calle Mayor, con un rótulo realizado en cerámica. La calle aún conserva su antiguo aire señorial. En el número 25 se conserva la casa natal de Lope de Vega y en el 61 la casa donde vivió y murió Calderón de la Barca. Recorrerla es acercarse a la historia y a la tradición de Madrid.

truida entre 1766 y 1768 por el arquitecto francés Jaime Marquet. Su característica torreta se levantó en 1867 para albergar el popularísimo **reloj y la bola** que anuncia el nuevo año y que fue regalado por el relojero Maragato Losada.

Este edificio destinado a central de Correos, pasó a convertirse en sede del Ministerio de Gobernación en 1847 y tuvo negra fama –especialmente sus sótanos– durante el período franquista, cuando albergaba la Dirección General de Seguridad (DGS). En la acera, enfrente de su fachada, se encuentra la placa que marca el inicio de la red radial de carreteras nacionales.

Plaza de Revueltas. Ha sido también una plaza mitinera y motinera: aquí se concentraron en 1766 los rebeldes del *motín de Esquilache*. Aquí se defendió la causa de los Comuneros. Aquí se proclamó la Constitución de Cádiz y aquí se quemó. Esta plaza fue testigo, a lo largo del siglo XIX, de revueltas y contrarrevueltas. En 1912, ante la librería San Martín, caía asesinado Canalejas. En 1931 se proclamaba la II República. Pero, sin duda, el hecho más destacado fue el enfrentamiento heroico del pueblo de Madrid contra las tropas francesas, el 2 de mayo de 1808, que Goya inmortalizó con su impresionante cuadro *Carga de los mamelucos*.

Clásicos de Sol. No saldremos de Sol sin visitar **La Pajarita**, donde son archipopulares sus caramelos. En el tramo entre la calle Mayor y Arenal se encuentra la popular **administración de lotería Doña Manolita**. El quiosco de revistas que hay frente a ella está abierto las 24 horas del día. En la esquina, con entrada por Mayor y en Sol, está la **pastelería La Mallorquina**, famosa por sus trufas heladas.

La calle Mayor

Esta calle, hoy con aire decimonónico, fue durante mucho tiempo la de más solera de Madrid. Por ella se fue extendiendo el casco urbano hacia oriente, desde el Alcázar. Por este trayecto iban las procesiones del Corpus y las comitivas reales hacia palacio. En 1906, desde un tercer piso, el anarquista Morral lanzó una bomba contra el cortejo nupcial de Alfonso XIII.

En esta calle, a la altura del número 25, nació **Lope de Vega**, que sería bautizado en la vecina parroquia de San Ginés. En el 61 vivió y murió **Calderón de la Barca**, muy cerca de la plaza de la Villa. Un poco antes, en el número 10, se encuentra una deliciosa confitería: **El Riojano**, donde se pueden adquirir aquellos azucarillos saineteros, merengues, bartolillos, pastas del Consejo y rosquillas tontas.

Desde la calle Mayor se puede admirar la magnífica tribuna de la **Casa de la Villa**, donde los reyes presidían la procesión del Corpus. En el número 86 se encuentra el **palacio de Abrantes**, más conocido como Embajada italiana. El edificio original data del siglo XVI, pero se llevaron a cabo importantes reformas en 1844, cuando lo adquirió el duque de Abrantes. Hoy alberga el Instituto italiano de Cultura.

La vanidad de Uceda. Al final de la calle, en el lado izquierdo, nos encontramos con el conjunto de la **iglesia del Sacramento** y del **palacio de Uceda**. Una y otro se construyeron por orden del duque de Uceda, el poderoso valido de Felipe III, como una réplica del palacio real y del convento de la Encarnación.

La calle Mayor

Si a las confiterías
vas de la calle Mayor,
en ellas hay puntas, cintas,
abanicos, guantes, medias,
bolsos, tocados, pastillas,
bandas, vidrios, barros y otras
diferentes brujerías.

Abajo, izquierda, hornacina con la imagen de Nuestra Señora de la Almudena, patrona de Madrid. Está situada en la cuesta de la Vega, al lado de la catedral del mismo nombre.

Catedral de Nuestra Señora de la Almudena. Situada al final de la calle Mayor, está levantada en el solar que ocupó la antigua mezquita mayor. Su fachada es de estilo clásico.

Itinerario Segundo

Las esculturas que rematan las cuatro fachadas del palacio Real, también denominado palacio de Oriente, son tan grandiosas como la construcción misma. En la de la fotografía destaca el escudo real.

Arriba, jardines del Campo del Moro. Existen desde el reinado de Isabel II y se encuentran en las inmediaciones del palacio Real, al que se asoma su fachada oeste. Los jardines pueden ser visitados.

El **palacio**, edificado a principios del siglo XVII por Juan Gómez de Mora, alberga hoy la Capitanía General. Es uno de los mejores ejemplos de arquitectura postherreriana, si bien se exagera su horizontalidad, al haber desaparecido sus torres esquineras. La **iglesia** es de la misma época y funciona como capilla castrense. Es obra de Bartolomé Hurtado, y en su interior destaca la decoración, perfectamente conservada.

No nos podemos ir de la calle Mayor sin visitar **casa Ciriaco**, en el número 84, una de las glorias gastronómicas del Madrid de siempre.

La Almudena. Al final de la calle Mayor, después de cruzar la de Bailén, se encuentra el ábside de **Nuestra Señora de la Almudena**. Frente a él, y dando la vuelta por la cuesta de la Vega, se conservan los restos más antiguos de las **murallas árabes** de Madrid, construidas en la época del emir Muhammad (852-886) y del califa Abderramán III.

Se llamaba esta zona **La Almudaina** –la ciudadela– y responde al primer núcleo urbano de la villa. En una parte de esta muralla se encontró la figura de la Virgen patrona de Madrid, que por eso se llamó de la Almudena. La primitiva iglesia de Nuestra Señora de la Almudena, antes mezquita mayor, se derribó en 1869. Se proyectó construir una nueva catedral para Madrid y se emprendieron las obras según los planos trazados por el marqués de Cubas, que preveían un gran templo neogótico. Hoy sigue inacabado. La cripta está habilitada como parroquia, y sobre su altar mayor se conserva la imagen de la patrona de Madrid. En 1944 se decidió que la fachada se realizara en un estilo clasicista, para que no desentonara del frontero palacio de Oriente.

El palacio de Oriente

Horario: de 9.30 a 12.45 y de 16 a 17.50. Domingos y festivos, de 9.30 a 13.30. Cerrado cuando hay actos oficiales. Los miércoles la entrada es gratuita.

El viejo Alcázar. En la Nochebuena de 1734, un incendio arrasó el viejo Alcázar de Madrid. La familia real se encontraba en ese momento en el también palacio madrileño del Buen Retiro. El viejo alcázar árabe, que Mohammed I había construido en el siglo IX, ya había sufrido diversas reformas a lo largo de la Edad Media. Carlos V encargó a Covarrubias su acondicionamiento en el siglo XVI, y Felipe II le dio un aspecto flamenquizante y austero.

El palacio Nuevo. Felipe V no se planteó su reconstrucción. Encargó un nuevo proyecto al italiano Filippo Juvara, que ideó un gran edificio de 500 metros de frente y 23 patios, el cual se pensaba levantar en los altos de Leganitos. Pero el rey rechazó el proyecto y prefirió aprovechar el solar del viejo Alcázar. El nuevo proyecto, que ganaba en altura lo que perdía en extensión, fue realizado por Sachetti, discípulo de Juvara, que había muerto poco antes. Luego continuaría las obras Ventura Rodríguez, antiguo delineante de Sachetti.

En 1737 se excavaron los cimientos, que llegaron hasta el nivel del Manzanares. La primera piedra se colocó el 7 de abril de 1738. Bajo ella se dispuso un cofre

de plomo con monedas acuñadas en Madrid, Sevilla, México y Perú. Las obras propiamente dichas se extendieron durante los reinados de Felipe V, Fernando VI y Carlos III, que ya lo habitó en 1764, si bien prosiguieron los trabajos hasta el siglo XIX e incluso el XX, cuando se derribaron las caballerizas que proyectó Sabatini y se sustituyeron en 1933 por los actuales jardines que llevan el nombre del arquitecto de Carlos III.

Se planteó el palacio, desde el primer momento, a prueba de incendios. Para ello se eliminó en su construcción toda la madera, salvo en puertas y ventanas. Se utilizaron en la obra la piedra berroqueña de la sierra de Madrid y la caliza blanca de Colmenar de Oreja, que contrastan de forma destacada en la composición de las fachadas.

La iconografía del palacio fue encargada al padre Sarmiento. Él ideó la colocación de esculturas de reyes, héroes y dioses y las alegorías que adornan sus fachadas, dentro de un programa en el que se quería representar a España como habitante del Palacio del Sol. Y donde el sol era la misma realeza.

Sarmiento quiso mostrar también la grandeza de España personificada, según la mentalidad de la época, en sus grandes hombres, y así concibió la instalación en lugares estratégicos de sus fachadas, y especialmente en el remate de las mismas, de una serie de estatuas colosales que representaban desde las figuras mitológicas de España, pasando por los emperadores romanos nacidos en el solar hispano, hasta los reyes visigodos y toda la serie de monarcas cristianos de los diversos reinos.

Este programa fue sustancialmente alterado en tiempos de Carlos III, cuando, invocando razones de seguri-

Fachada principal del palacio Real. Levantado en el solar que ocupaba el viejo alcázar, la primera piedra se colocó en abril de 1738 y su primer habitante fue Carlos III en 1764. El palacio puede ser visitado excepto cuando se celebran actos oficiales.

La virgen de la Almudena

Le viene el nombre a la patrona de Madrid porque se encontró su imagen, dice la leyenda, en uno de los torreones de la *almudaina* o ciudadela árabe. Según la tradición, fue ocultada allí por los visigodos, escondida en un cubo de la muralla árabe, parte de la cual aún se conserva. Lo milagroso fue que las velas que alumbraron la imagen cuando se ocultó siglos antes, seguían encendidas después de la conquista por Alfonso VI. El lugar exacto se encuentra en el muro de contención de la plaza de Armas. Una hornacina recuerda el hecho. La imagen fue trasladada a la que hasta entonces era mezquita mayor, que se encontraba en el lugar donde ahora se construye la catedral.

Itinerario Segundo

Jardines del palacio Real. Sobre su fachada oeste se extienden los del Campo del Moro y sobre la cara norte los de Sabatini. De bellos trazados geométricos, los jardines del palacio realzan la monumental construcción.

dad, se apearon las estatuas, situadas sobre la balaustrada que remata el palacio. En realidad, más que a problemas de seguridad se debió al nuevo gusto de la época, que volvía al más puro clasicismo y huía de la retórica en exceso recargada del barroco. Las estatuas apeadas fueron a parar a diversos lugares, algunos realmente alejados de su ubicación original, como el paseo de Sarasate de Pamplona, Burgos o la misma plaza de Oriente, frente a palacio.

La visita. Por el exterior destacan las cuatro fachadas, donde se combina la piedra blanca de Colmenar con el gris de la piedra berroqueña. La fachada oeste se eleva sobre los **jardines del Campo del Moro**. La fachada norte, sobre los de **Sabatini**, que ocupan las antiguas caballerizas que construyera este arquitecto. La fachada este da nombre a la plaza de Oriente. El lado sur es la fachada principal, que se abre a la plaza de la Armería, por donde iniciaremos la visita.

Sobresale, nada más entrar, la **escalera principal**, construida por Sachetti y Sabatini. Los frescos del techo fueron realizados por Corrado Giaquinto. En esta escalera los rebeldes intentaron apoderarse en 1841 de la reina niña Isabel II, cosa que impidió Diego de León, ayudado por la guardia de palacio.

A continuación, puede verse el **salón de Alabarderos**. La bóveda está decorada por Tiépolo. Los **tapices** fueron realizados en 1760 en la fábrica de Santa Bárbara.

En la página siguiente, salón de las habitaciones de la reina María Cristina, en el palacio Real. Decorado al estilo del siglo XVIII, los tapices que lo ornamentan son de la Real Fábrica de Tapices, realizados sobre cartones de Goya que pueden admirarse en el Museo del Prado.

El **salón de Columnas**, que se encuentra a continuación, era en principio la caja de la escalera doble diseñada por Sachetti. Aquí, los Jueves Santos los reyes lavaban los pies a 25 pobres. Fue también lugar de banquetes, bailes y velatorios. Hoy se utiliza como sala de conciertos, entre los que sobresalen los interpretados con los **Stradivarius** de palacio. Los **tapices** fueron realizados sobre cartones de Rafael. Los **frescos**, de Giaquinto, representan el nacimiento del sol y la alegría de la naturaleza. Sobre la **mesa de las Esfinges** se firmó el tratado de adhesión de España a la CEE en 1985.

La **saleta de Gasparini** fue comedor de Carlos III. Los **frescos** son de Mengs. Hay cuatro lienzos de Lucas Jordán. Son también de Mengs los frescos de la **antesala Gasparini**, donde se encuentran asimismo cuatro cuadros de Goya.

La **sala Gasparini**, diseñada por Matías Gasparini, conserva la decoración del siglo XVIII. Es una de las más bellas de todo el palacio. Relojes, bustos romanos y elementos rococó ocupan esta pieza singular, donde se vestía el rey Carlos III en presencia de los cortesanos.

La sala alargada conocida como **el Tranvía del Rey** da paso al **salón de Carlos III**, que fue su dormitorio y donde murió en 1788. La **sala de Porcelana** llama la atención por estar recubierta de ese material, procedente de la Real Fábrica del Buen Retiro. En la **saleta Amarilla** destacan los **tapices** del siglo XVIII. Atravesándola llegamos al **comedor de Gala**, que hoy sigue teniendo esta función. Su capacidad es de 145 comensales.

La **colección de relojes** reúne 60 piezas de las 208 que se encuentran en palacio. La colección com-

Las obras de palacio

Las obras de palacio van despacio, dice el dicho y no es para menos, ya que 23 años mediaron entre la colocación de la primera piedra del Palacio de Oriente y la instalación en él de la familia real el 1 de diciembre de 1764, cuando se aposentó Carlos III. Lentas y enormemente costosas: Fernández de los Ríos calculó que entre 1737 y 1807 se habían gastado un promedio de 4.500.000 reales por año, lo que daba un total de 298 millones de reales de su época, cifra realmente astronómica.

Itinerario Segundo

«Sólo Madrid es Corte»

Felipe IV quiso legar a la historia una imagen digna de su grandeza, que despertara verdadera admiración al contemplarla. Encargó entonces una estatua ecuestre. Normalmente, estas figuras, como la de Felipe III, que se encuentra en la plaza Mayor, se erigían a la muerte del monarca. Felipe IV no quiso esperar. La singularidad de su estatua, en cualquier caso, consistía en que su caballo debería estar con las dos patas delanteras alzadas, posición sin precedentes en la historia de la escultura, dadas las enormes dificultades que presentaba mantener en equilibrio tal masa de bronce. Encargó los diseños a Velázquez. Galileo hizo los estudios matemáticos necesarios para solucionar el problema. Pietro Tacca, el florentino que ya había realizado la de Felipe III, se encargó de fundirla. El resultado fue esa maravilla que, entre salto y salto, primero estuvo en el viejo Alcázar, luego en el palacio del Buen Retiro y que hoy se puede admirar en la plaza de Oriente. Cuando se instaló por primera vez cuentan que se dijo: *Ahora, sólo Madrid es Corte.*

Monumento al rey Felipe IV, que consiste en una estatua ecuestre del monarca, situado en la plaza de Oriente, frente al palacio Real.

pleta de la Casa Real consta de 630, y es una de las más importantes del mundo.

Detallar toda la visita del palacio sería excesivo para esta obra, que sólo intenta sugerir una importantísima visita. A modo de ligeras pinceladas se puede hablar de la **capilla**, de Sachetti y Ventura Rodríguez; del **Salón del Trono**, con frescos de Tiépolo y cuatro leones de bronce que proceden del antiguo Alcázar; el **Museo de Pinturas y Artes Decorativas**, con primitivos flamencos, colecciones de pintura italiana de los siglos XVI y XVII y obras de Rubens, Velázquez y Goya, entre otros. La **Real Biblioteca**, que cuenta con 300.000 libros, 4.000 manuscritos, 3.000 obras musicales, 3.500 mapas, 2.000 grabados, incunables y firmas de los Reyes Católicos, san Francisco Javier y santa Teresa.

En el **Museo de Música** destaca la importantísima colección de **Stradivarius**, compuesta de dos violines, dos violas y dos violoncelos, construidos entre 1694 y 1696. Éstos son los únicos instrumentos construidos por el gran maestro de Cremona que existen en España.

El **Museo de la Real Botica** tiene su origen en la Real Botica creada por Felipe II en 1594. La **Real Armería**, conserva armaduras de Carlos V a Felipe II, espadas de los Reyes Católicos, el Cid, el Gran Capitán y Hernán Cortés, banderas de Lepanto y San Quintín y el Pendón de las Navas, entre otros recuerdos de grandes personajes y acontecimientos de la historia de España.

Finalmente, se puede visitar el **Museo de Carruajes**, instalado en un invernadero del Campo del Moro.

Plaza de Oriente

Frente a la fachada de levante se encuentra la ajardinada plaza de Oriente. Fue concebida por José Bona-

parte, aunque durante su reinado y el de Fernando VII se hiciera poco más que tirar las casas medievales que ocupaban el solar. Su configuración actual data del reinado de Isabel II.

En ella están colocadas algunas de las **estatuas de los reyes** que adornaban la balaustrada del palacio. Pero, sin duda, el elemento más sobresaliente es la **estatua ecuestre de Felipe IV** que la preside. Fue encargada por este monarca a Pietro Tacca, escultor florentino que había fundido la de Felipe III, la cual preside la plaza Mayor.

La singularidad de esta estatua es la posición encabritada del caballo. Especialmente, porque fue la primera vez en la historia del arte que se consiguió un monumento de estas características. Hasta entonces –1640– no se había logrado fundir una estatua ecuestre en la que el caballo tuviera las dos patas delanteras levantadas. Se supone que Leonardo da Vinci lo iba a intentar en la estatua que se disponía a hacer para Ludovico el Moro. Pero el bronce acabó fundido en cañones.

Monasterio de la Encarnación Situado frente a la plaza de la Encarnación, se construyó en el siglo XVII por orden de los reyes Felipe III y Margarita de Austria. La construcción tuvo una gran influencia en el barroco madrileño.

Itinerario Segundo

Un gran cuadro para un gran pecado

Se cuenta que el secretario de Felipe IV, Jerónimo de Villanueva, tenía una casa, allá por el siglo XVII, que, por un pasadizo, comunicaba con el convento de las Benedictinas de San Plácido. Él tenía sus líos con la fundadora, Teresa del Valle de la Cerda. El poderoso conde-duque de Olivares, con alguna monjita. Y el mismo rey se prendó de una novicia que, por cierto, tuvo que hacerse pasar por muerta para liberarse de Su Majestad. La cuestión es que, al final, la Inquisición tomó cartas en el asunto. E incluso el mismo papa. La cosa no fue a más porque los mensajeros que debían denunciar ante Roma el mayestático pecado fueron distraídos –para siempre– por el conde-duque, en su viaje a Italia. Dicen que el rey, arrepentido, regaló un cuadro al convento y, gracias a su pecado, hoy podemos admirar aquel extraordinario lienzo: el famoso *Cristo* de Velázquez, que se encuentra en el Prado.

La sangre de San Pantaleón

La licuación de la sangre de un santo en un día señalado –sangre que durante todo el año está coagulada– no es un patrimonio exclusivo de los napolitanos. El mismo milagro se produce en un pueblecito castellano, en el colegio de las Escuelas Pías de Roma y en Madrid: en el monasterio de la Encarnación hay un relicario con la sangre de san Pantaleón, que cada 27 de julio se licúa, milagro que el sacerdote muestra a los fieles, iluminando la reliquia con una linterna.

Además de Tacca, que fundió las 18.000 libras de bronce, dos genios intervinieron en esta maravilla: Velázquez, autor del diseño, y el mismísimo Galileo Galilei, que se encargó de resolver el complicado problema de mantener el equilibrio de la estatua. Arte, técnica y ciencia se aunaron en esta obra maestra de la historia del arte mundial, firmada y fechada en las cinchas del caballo, y cuya colocación dio pie a la frase: *Sólo ahora Madrid es Corte*.

La estatua fue colocada definitivamente aquí en tiempos de Isabel II. El pedestal no es el original. Es incluso más elevado, lo que dificulta la apreciación de esta joya del barroco en toda su grandiosidad.

En el extremo norte de la plaza de Oriente se encuentran los jardines del Cabo Noval. Frente a ellos y al otro lado de la calle Bailén, se encuentran los accesos que descienden a los **jardines de Sabatini**, construidos en la explanada norte del Palacio Real, sobre las caballerizas que edificó Sabatini en tiempos de Carlos III. Desde los mismos jardines del Cabo Noval, sin cruzar Bailén, se accede a la plaza de la Encarnación, donde se encuentra uno de los monasterios reales de Madrid.

Monasterio de la Encarnación

Horario: de 10.30 a 13 y 16 a 17,30. Cerrado lunes y viernes tarde. Gratuito los miércoles.

Fue mandado construir por la devota pareja real Felipe III y Margarita de Austria. Las obras se prolongaron entre 1611 y 1616 y el proyecto se debe al arquitecto Juan Gómez de Mora, aunque hay quien opina que fue el carmelita Alberto de la Madre de Dios. Su importancia radica en la gran influencia que este edificio tuvo en el denominado barroco madrileño y, especialmente, en los conventos carmelitas, que lo tomaron como modelo. En cualquier caso, el interior fue totalmente reconstruido entre 1755 y 1767 por Ventura Rodríguez, tras un incendio.

Se construyó como un anexo del viejo Alcázar. Estaba unido a él por un pasadizo, ya que el convento debería servir como refugio a las mujeres de palacio, en caso de necesidad. Estuvo, como el de las Descalzas, íntimamente ligado a la Casa Real, de la que consiguió gran parte de su patrimonio artístico.

La visita se realiza en grupo y con guía. En el interior pueden admirarse cuadros de Palomino, Ribera y Carreño, entre otros pintores de corte. En la primera capilla del claustro se encuentra un Cristo yacente de Gregorio Fernández. En la segunda se puede admirar un valioso **zócalo de azulejos** de Talavera. El antecoro y el coro guardan obras de Lucas Jordán, una Virgen florentina del XVI, un Cristo yacente y otro de marfil.

Se llega al **relicario** por una habitación en la que reposa el cuerpo incorrupto de sor Mariana de San José, primera priora del convento. El citado relicario es una curiosísima estancia, ricamente decorada con azulejos de Talavera, grutescos y estanterías de madera donde se exhibe una valiosa colección de relicarios, entre los que destacan el cuerpo incorrupto de Luisa de Carvajal, la sangre de san Pantaleón, que se licúa cada 27 de julio, así como un Cristo que, según la tradición, fue quemado por los judíos en la plaza de la Cebada.

De Sol a Oriente

Palacio del Senado, situado frente a la plaza de la Marina Española. Fue convento de los Agustinos hasta 1837. Su iglesia, pintada por El Greco, fue la sede de las Cortes Generales del Reino en el siglo pasado; posteriormente se destinaría a sede del Senado.

La **iglesia**, obra de Ventura Rodríguez, encierra obras de Vicente Carducho, además de los **frescos** de Francisco Bayeu, que decoran la capilla mayor, y de González Velázquez, que decoró la cúpula.

Al salir, tomaremos la agradable calle de la Encarnación hasta la plaza de la Marina Española, donde se encuentra el Palacio del Senado.

◘ Palacio del Senado

Fue hasta 1837 un convento de agustinos que había fundado en 1590 María de Córdoba, dama de la reina Ana. En su iglesia, que había sido pintada por El Greco, se instaló en el siglo pasado el salón de sesiones de las Cortes Generales del Reino, que luego estaría destinado a sede del Senado. Guarda una interesante colección de pintura histórica.

◘ A la izquierda del Senado se encuentra el **palacio de Godoy** o del **marqués de Grimaldi**. Destaca en él su gran escalera monumental. Fue construido por Sabatini en 1776. Este edificio ha albergado el Ministerio

Itinerario Segundo

Monasterio de las Descalzas Reales. De fachada plateresca, su interior es de una belleza exquisita. Considerado como uno de los tesoros de Madrid, guarda una extraordinaria colección de obras de arte.

Niño Jesús o Eros durmiente

En el monasterio de las Descalzas Reales de Madrid se veneran varias imágenes barrocas que representan al Niño Jesús durmiendo sobre una calavera. También se tenía una gran devoción a una imagen idéntica en mármol que se encuentra en Montejo (Soria), hasta que un arqueólogo le contó al cura que en realidad se trataba de un Eros durmiente, que procedía de la romana Tiermes, cuyas ruinas se encuentran en las proximidades. De esta figurilla romana, que hoy está retirada en la sacristía, y que antes estuvo en el antiguo monasterio de Tiermes, se hicieron muchas copias, ya que el niño durmiendo sobre una calavera era un tema muy sugestivo para la mentalidad del Barroco.

de Marina, la Biblioteca Nacional, el Museo Naval y, últimamente, el Museo del Pueblo Español, que llegó a regentar Caro Baroja.

En la misma plaza se puede ver el edificio del **convento de las Reparadoras**, que construyó Ventura Rodríguez para albergar al Tribunal de la Inquisición. Luego subiremos por la calle de Torija. Antes de llegar a la plaza de Santo Domingo dejamos a la derecha la calle de la Bola. Merece la pena adentrarse hasta el número 5, donde se encuentra el restaurante **La Bola**, que ya vivió en el siglo XIX las conspiraciones de los políticos, al amparo de los vahos de su gran cocido madrileño y su sencilla y buena cocina.

Desde la plaza de Santo Domingo descenderemos por la calle de las Veneras hasta la de Trujillos, y por la travesía de Trujillo llegaremos a la plaza de San Martín, hoy sin solución de continuidad con la de las Descalzas, donde se encuentra uno de los tesoros de Madrid.

Monasterio de las Descalzas Reales
Horario: de 10,30 a 12,30 y de 16 a 17,15. Cerrado lunes y viernes tarde. Gratuito los miércoles.

Fue fundado por la hermana menor de Felipe II, Juana de Austria, que había nacido en el palacio que ocupaba anteriormente el solar de este convento, y que perteneció a Isabel de Portugal, su madre y esposa de Carlos V. Fue construido entre 1559 y 1564 por Antonio Sillero y Juan Bautista de Toledo. Destaca la fachada, de estilo plateresco, junto con la de la iglesia, de estilo escurialense, así como la gran escalera renacentista. El interior lo reformó casi en su totalidad en el siglo XVIII Juan de Villanueva.

Profesaron en este convento monjas de sangre real y de la aristocracia, y albergó a figuras tan relevantes como la misma fundadora, Juana de Austria, que había nacido «en las habitaciones frescas que dan a la huerta grande», según palabras de Felipe II. Albergó también a su madre, la emperatriz Isabel. Y a Santa Teresa de Jesús. Todo ello explica la magnífica colección de obras de arte que se han ido acumulando a lo largo de los siglos y que estuvieron siempre protegidas por la clausura.

Por el zaguán, vestigio del antiguo palacio, llegaremos, a través de la portería reglar y el claustro procesional, a la espectacular **escalera principal**, decorada durante el mejor barroco con frescos de Claudio Coello: aquí, desde un balcón simulado, nos miran Felipe IV y su familia. También la escalera, lo mismo que el **claustro alto**, pertenece a la obra del palacio en el que se acondicionó el monasterio.

Desde el claustro alto se abren sucesivas capillas que encierran auténticas joyas de arte. Desde aquí se accede al **antecoro** –al que se entra por una **puerta plateresca**– y al **coro alto** –donde una **urna de mármol** guarda, junto a una sencilla sillería y excelentes pinturas, los restos de la emperatriz María de Austria, hermana de la fundadora–. Además, en el antecoro hay una **colección de ornamentos religiosos** y en ambas estancias, valiosas tallas.

8 El **salón de Tapices** reúne buena parte de la importantísima colección que regalara a este monasterio la infanta Isabel Clara Eugenia, gobernadora de los Países Bajos. Los tapices fueron realizados sobre **cartones de Rubens**. Hay otras piezas de gran valor, como un retrato de la misma Isabel, pintado por Van Dyck.

Las noches del Real

Eran fastuosas *las noches del Real*: en ellas se representaba una ópera en el teatro y el *todo Madrid* se daba cita, llenando de animado y rutilante bullicio la calle del Arenal, por donde bajaban los carruajes hacia la ópera. Allí acudían también los pícaros, de los que en Madrid había legión, sin olvidar a los revendedores, que, como siempre, han hecho su agosto de la expectación: ciento veinte reales se llegaron a pagar cuando, en 1850, se inauguró el nuevo coliseo, con la asistencia de Isabel II. Y por escuchar a la gran Adelina Patti, llamada *el Ruiseñor Madrileño*, nada menos que hasta diecisiete duros de entonces. Era el 12 de noviembre de 1863.

Teatro Real. Situado entre la plaza de Oriente y la de Isabel II, fue inaugurado en 1850, en el día de la onomástica de la soberana –19 de noviembre— ante su real presencia, con La Favorita, *ópera de Donizetti.*

Itinerario Segundo

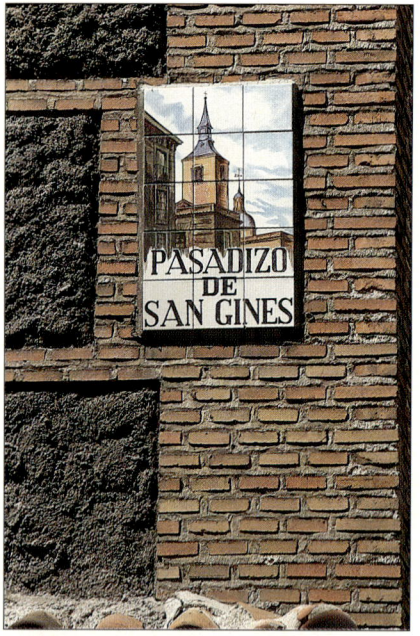

Antigua casa en la calle del Arenal, a la que los comercios y los hostales no le han borrado su señorío. En sus tiempos de esplendor compitió con la calle Mayor.

Arriba, placa de cerámica con la nomenclatura del pintoresco pasadizo de San Ginés, que se abre hacia la mitad de la señorial calle del Arenal.

A lo largo de este recorrido se pueden admirar salas realmente curiosas, como la **casita de Nazaret** o la **capilla del Milagro**, esta última verdadero alarde de perspectiva. El **salón de los Reyes** también pertenecía al antiguo palacio y aún conserva sus **yeserías mudéjares**, además de cuadros de Pantoja de la Cruz y Rubens, entre otros.

Una descripción detallada desbordaría el sentido de esta guía, pero no puede obviarse la **sala de la escuela flamenca** o el cuadro *La moneda del César*, de Tiziano, el Zurbarán de la sala del Candilón y la misma **iglesia**, obra magnífica de Juan Bautista de Toledo, primer arquitecto de El Escorial. Aquí se encuentra el sepulcro de doña Juana de Austria.

Saldremos a la plaza de San Martín para seguir por la calle de la Flora. Cruzaremos la plazuela de Santa Catalina de los Donados, y en la calle de la Priora, que viene a continuación, entraremos en la **capilla del Santo Niño del Remedio**, curiosa por la devoción popular que se le tiene a esta imagen desde finales del siglo pasado. Se le llama del Remedio por los muchos favores que reciben sus fieles, tal como demuestran las placas de mármol que a modo de exvotos forran las paredes de esta capilla, que data de 1917. Desde la calle de la Priora nos acercamos hasta la plaza de Isabel II.

Plaza de Isabel II

Muchísimo más conocida como **plaza de la Ópera** o, simplemente, **Ópera**, que por su nombre oficial, esta plaza se llamó anteriormente de **los Caños del Peral**, porque aquí se encontraban los lavaderos de la villa, con sus cincuenta y siete pilas. Cerrando la plaza por el oeste se encuentra el Teatro Real.

El Teatro Real. A principios del siglo XVIII se instaló aquí un corral de comedias, que se llamó **de los Caños**. Tuvo, por orden real, director desde 1719. En 1737 se construyó un edificio más adecuado para recibir a Farinelli, el célebre castrado, al que admiraba Felipe V. El edificio actual se comenzó en 1818 y se finalizó en 1850. De esa misma época data la estatua de Isabel II que preside la plaza. Se inauguró El Real el día 19 de noviembre, onomástica de la reina, con *La Favorita*, de Donizetti. Fue este teatro centro del más encopetado Madrid. Aquí cantó el gran tenor navarro Gayarre para los recién casados Alfonso XII y su prima María de las Mercedes. Se interpretó *Roger de Flor*. Durante mucho tiempo estuvo cerrado. Le puso un sello de oro el tenor Fleta, interpretando *La Bohème*, de Puccini.

El barrio de Santiago

Entramos en este hermoso vestigio del Madrid medieval por la calle de la Escalinata, que nos transporta desde la plaza de la Ópera o de Isabel II hasta este interesante barrio, tranquilo, casi imposible en el centro de Madrid, con buenas tascas donde chatear y algunos más que recomendables restaurantes gallegos, en un ambiente deliciosamente popular, que tan poco le cuesta a Madrid a nada que le den cuatro rincones recoletos, aunque sea en el mismísimo centro.

Seguiremos hasta la calle del Espejo y después a la de la Amnistía. En la esquina de esta calle con la de

De Sol a Oriente

Antigua y tradicional librería de viejo sobre el pasadizo de San Ginés. En ella pueden hallarse tesoros de la edición española.

Santa Clara tuvo su última casa el escritor y periodista Mariano José de Larra. Aquí se suicidó, dicen que por amor, un día de Carnaval. Concretamente el 13 de febrero de 1837, a los 27 años.

Siguiendo la calle llegamos a la **iglesia de Santiago**, del XIX, que guarda obras importantes de Alonso Cano, Carreño y Francisco Ricci. Desde la plaza de Santiago continuaremos por la de San Nicolás hasta una de las iglesias más antiguas de Madrid.

Iglesia de San Nicolás de los Servitas. El principal interés de esta iglesia está en su **torre**. Puede que sea el mejor exponente del *Magerit* árabe, probablemente el **alminar de una mezquita** luego consagrada como iglesia. Tampoco se descarta que sea una torre mudéjar del siglo XII. El templo es del siglo XV, con cabecera gótica y trazas mudéjares.

Por San Nicolás, la plaza de Ramales y Vergara bajaremos de nuevo hasta Ópera para enfilar una de las arterias principales de Madrid.

La calle Arenal y San Ginés

Entre Ópera y Sol se extiende la famosa calle del Arenal, que fue durante más de doscientos años una de las más bullangueras de Madrid, escenario vivo de *las noches del Real*, cuando bajaban por aquí los carruajes camino del teatro y, antes, de los Caños del Peral. Y la recorría también un Madrid mucho más popular que se daba cita en el **Teatro Eslava**.

Lo que hoy es una calle amplia, con aire decimonónico, donde abundan los comercios y los hostales, fue en la Edad Media un barranco, en cuyos márgenes se encontraban los arrabales de San Martín, a la derecha,

Itinerario Segundo

Iglesia de San Ginés, una de las más antiguas de Madrid. Situada sobre la plaza homónima, en ella fueron bautizados Lope de Vega y Quevedo.

El cocodrilo de San Ginés

Cuenta la leyenda que en tiempos de los Reyes Católicos, un caballero fue atacado por un cocodrilo. El caballero, espantado, pero devoto de la Virgen, en tan precaria situación se puso a rezar y se encomendó a María. Entonces, hete aquí que, sobre la copa de un árbol próximo, apareció una imagen de la Virgen, ante la cual el saurio quedó inmediatamente petrificado. Hoy, en la capilla de la Virgen del Rosario de la parroquia de San Ginés, pueden verse el cocodrilo y la Virgen que con su aparición salvó al caballero.

y de San Ginés, a la izquierda, bajando desde Sol, que entonces no era más que el *barranco de la zarza*.

El barranco del Arenal devino en calleja y luego, ya a partir de 1656, en buena calle, que competiría con la calle Mayor en importancia: no hay que olvidar que éste es el tramo más corto que va desde el palacio de Oriente hasta Sol. Con el teatro de los Caños del Peral, como queda dicho, cobró vida, que se reforzó en el siglo XIX, cuando se derribó el caserío medieval que aislaba el palacio de lo que hoy es la plaza de Isabel II.

Hacia la mitad de Arenal se encuentra el corazón indiscutible de esta calle. Allí se sitúa el **pasadizo de San Ginés**, donde fundara en 1871 el **salón Eslava** Bonifacio Eslava, pariente de don Hilarión, el gran músico. En lo que fue el teatro Eslava, hoy está instalada una de las discotecas de la *jet* madrileña: el Joy Eslava. Un poco más abajo de este pasadizo fue arcabuceado un 18 de julio de 1872 Amadeo de Saboya.

En este pasadizo hubo una de las fondas-restaurantes más populares del Madrid del *novecientos*, que regentara Lázaro López, quien por cierto, acabó colgado del arco del pasaje. Después de una entrañable librería de viejo, y ya en la plaza de San Ginés, se abre una de las churrerías-chocolaterías más castizas del Madrid actual, la **churrería de San Ginés**, frecuentadísima por los trasnochadores. Y en la misma plaza se levanta una de las parroquias más antiguas de Madrid.

Iglesia de San Ginés. Se dice que fue mozárabe y que aquí acudían los cristianos que vivían en los arrabales del Arenal, ya en tiempos del Madrid árabe. Si no es tan antigua, al menos seguro que fue fundada inmediatamente después de la conquista. El antiguo templo tuvo que ser derribado en 1643. El nuevo edificio data de 1756, si bien el interior tuvo que ser restaurado en 1824, tras un incendio.

En esta iglesia, Lope de Vega fue bautizado y se casó con su primera mujer, Isabel de Urbina, en 1588. También fue bautizado Quevedo en 1580. A fin de cuentas, San Ginés es el patrón de los cómicos.

Dentro del edificio se encuentra la **capilla de la Real e Ilustre Congregación del Santísimo Cristo de San Ginés**, que guarda un Cristo de marfil de Alonso Cano, cuadros de El Greco, del mismo Alonso Cano y de Lucas Jordán, entre otras magníficas obras de arte. A esta capilla se accede por la calle de Bordadores.

Itinerario Tercero
POR EL MADRID CASTIZO

Nos va a llevar este recorrido por algunos de los barrios más populares de Madrid. Conoceremos el corazón del casticismo, el Rastro y el Madrid que un día fue de los literatos y que hoy conserva un delicioso sabor, a la vez amable y bullanguero. Y, sobre todo, conoceremos muchas, muchísimas tascas para disfrutar de uno de los mejores tasqueos de España.

Iniciaremos nuestro recorrido desde la Puerta del Sol, para enfilar por la calle Mayor y tomar la primera a la izquierda, que es la de Esparteros. De ella nace, a la derecha, una de las calles más pintorescas de Madrid.

La calle de Postas

Es uno de los rincones con más sabor de todo Madrid. Se llama así porque aquí estuvo, en los siglos XVI y XVII, la primera casa de Correos y Postas madrileña. Hoy su mayor encanto se lo dan los comercios antiguos, especialmente los curiosísimos que se dedican a la venta de telas para hábitos religiosos y de cofradías. Ha sido famosa también esta calle por la **Posada del Peine**, abierta en el siglo XVII.

Seguiremos hasta la calle Zaragoza, dejando a la derecha las entradas que dan a la plaza Mayor. Al final de

El origen del Rastro

Le viene el nombre de un antiguo matadero que había en aquel lugar en el siglo XVI. Covarrubias, en su *Diccionario de autoridades*, nos explica que se llamaba «rastro porque cuando mataban los carneros los llevaban arrastrando, desde el corral a los palos, donde los degüellan, y por el rastro que dejan». Luego, ya en el siglo XVIII, fue el lugar de venta de los *ropavejeros* y *chamarileros*. Pero el espacio siguió conservando el antiguo nombre del matadero.

Iglesia y palacio de la Santa Cruz. El conjunto edilicio se construyó en el siglo XVIII bajo el reinado de los Austria. En la actualidad alberga al Ministerio de Asuntos Exteriores.

Itinerario Tercero

Entre los edificios antiguos sobresale la cúpula de la catedral de San Isidro, patrono de Madrid.

El Corralón, situado en la zona del Rastro, constituye una verdadera reliquia.

esta calle, a la derecha, se encuentra la plaza de la Santa Cruz, que se funde, sin solución de continuidad, con la de la Provincia, donde se encuentra uno de los mejores edificios de la época de los Austria.

El palacio de Santa Cruz

En 1629 se comenzó a construir este soberbio edificio que fue **cárcel de la corte** hasta 1846. Se convirtió en sede del Ministerio de Ultramar y, finalmente, y hasta hoy, alberga el Ministerio de Asuntos Exteriores. En su interior merece la pena visitar los dos **patios gemelos**. La parte posterior del edificio se debe a una ampliación que se realizó durante el reinado de Carlos III y es obra del arquitecto Juan de Villanueva.

Bajaremos por la calle de Santo Tomás, por donde se conducía a los condenados a la horca. Esta calle se llamó también del Verdugo, debido a que aquí tenía su residencia tan impopular funcionario. A continuación, tomaremos la calle Concepción hasta su confluencia con la de Toledo, donde visitaremos la catedral.

Catedral de San Isidro

A partir de 1622, los jesuitas comenzaron a construir la actual catedral de San Isidro que, hasta la expulsión de esa orden en tiempos de Carlos III, estuvo dedicada a San Francisco Javier. Fue en esta época cuando se trasladaron al templo el cuerpo incorrupto de San Isidro y los de su esposa, Santa María de la Cabeza. Carlos III, que tenía gran predilección por esta basílica, ordenó someterla a importantes reformas, que fueron encargadas a Ventura Rodríguez.

Por el Madrid castizo

Capilla del Cristo. La mayor parte de los tesoros que albergaba el templo fueron destruidos en 1936, al ser incendiado. Se salvaron las reliquias del patrón de Madrid y la **capilla del Cristo**, decorada con frescos de Claudio Coello, que guarda el magnífico ***Cristo de la Buena Muerte***, de Juan de Mesa, así como un óleo de Ricci.

Instituto de San Isidro

Anexo a la catedral se encuentra el Instituto de San Isidro, que corresponde a la antigua institución de los Estudios Reales, fundada por Felipe IV. El edificio se llamaba Colegio Imperial, y en él estudiaron figuras tan relevantes como Francisco de Quevedo, Lope de Vega o Calderón de la Barca, y ya en época contemporánea, Pío Baroja, Jacinto Benavente y Vicente Aleixandre.

Seguiremos por la calle Estudio hasta la plaza de Cascorro, donde la estatua del popular héroe madrileño marca el hito del gran acontecimiento madrileño de los domingos por la mañana.

El Rastro

De la plaza de Cascorro arranca la Ribera de Curtidores, verdadera columna vertebral del Rastro, ese grandioso mercadillo donde es posible encontrar de todo: antigüedades –especialmente en los puestos de la parte alta de la Ribera de Curtidores y en la plaza de Vara de Rey–, aves –en la calle de Fray Ceferino González–, libros antiguos y de ocasión –en la parte baja, concretamente en la zona del parque del Campillo del Mundo Nuevo– y, en fin, de todo. Cualquier cosa que se pueda vender de segunda mano y hasta un Greco, como el que consiguió Camón Aznar por una nonada y

Tiendas de antigüedades del Rastro, el popular mercado de oportunidades madrileño, en un apacible día entre semana. El verdadero día de mercado es cada domingo, cuando se abren todas las tiendas y se montan los puestos de los más variados objetos.

La estatua de Cascorro

Verdadero faro del Rastro madrileño, lugar de cita obligado para los que se encuentran aquí los domingos por la mañana y símbolo del madrileñismo popular, no es, sin embargo, la estatua de Cascorro, ya que Cascorro fue el pueblo donde sucedió la historia. El héroe se llamaba Eloy Gonzalo, quien saltó a la historia de los héroes inmortales cuando, en la guerra de Cuba, se armó con su lata de petróleo y se lanzó contra el polvorín enemigo, muriendo en aquel acto de valor. Se ató una cuerda para que, después de la explosión, sus compañeros rescataran su cadáver.

Itinerario Tercero

Puerta de Toledo. Su construcción la ordenó José Bonaparte; sin embargo, no se levantó hasta 1827. Paradójicamente, la puerta sirvió para conmemorar el triunfo sobre los franceses.

Arriba, el mercado del Rastro en pleno apogeo dominical. La Ribera de Curtidores es la verdadera columna vertebral de este internacional mercadillo.

que hoy se encuentra en el museo que fundara ese gran intelectual en Zaragoza.

Muchos comercios de esta red de callejuelas están abiertos todos los días, lo que facilita la búsqueda de la soñada ganga o, simplemente, de alguna cosilla a precio asequible. Pero el gran momento del Rastro es el domingo por la mañana: entonces se dan cita en este lugar miles y miles de madrileños y foráneos, que se pasean por él muchas veces por el simple placer de mirar y rebuscar entre los cacharros. Para visitarlo con calma lo mejor es acudir a primera hora de la mañana. Después, el gentío es impresionante. Dentro del Rastro es obligatoria la visita de **El Corralón**, en la calle Carlos Arniches, una verdadera reliquia.

De tapas. Al mediodía se recomienda tapear por cualquiera de las muchas tabernas y bares de la zona, sobre todo las de la parte alta, entre Cascorro y Latina o en la misma calle San Millán. Tabernas muy recomendables de esta parte del viejo Madrid son **Casa Juan Bueno**, en la calle Toledo, 106 –sus caracoles son magníficos–; **El 21**, en este número de la calle Toledo; **Casa Antonio**, en Arganzuela, 21, especializada en bacalao y callos; **La Bodega Asturiana**, en el número 5 de Bastero. En esta misma calle hay una churrería muy popular y un restaurante moruno, el **Trío**, con unos *pinchos morunos* magníficos. Merece una visita **La Copa de Herrera**, en el 11 de la calle Carnero. En la plaza de Vara de Rey se pueden repetir los caracoles y catar las castizas sardinas a la plancha. **La Bobia**, en la calle San Millán, es frecuentadísima por *punkies* y pasotas, pero si se busca autenticidad, es mejor pasarse a la de San Millán, en el número 4 de esta calle, para catar desde un buen cocido hasta unos estupendos callos. **Casa Amadeo**, más conocida como Los Caracoles, se encuentra en la misma plaza de Cascorro. Se puede tomar, además de caracoles, una estupenda oreja. En la calle Santa Ana nos encontramos con dos concurridísimos locales: **Alquézar** y **Vinos Antonio**.

La puerta de Toledo. El Rastro limita en la parte baja con la Ronda de Toledo. Muy cerca se encuentra la puerta de Toledo, que mandó construir José Bonaparte, pero que no fue levantada hasta 1827. Lo curioso es que su construcción sirvió, al final, para conmemorar el triunfo sobre los franceses.

La calle Embajadores

Si nos dirigimos en dirección contraria, llegaremos a la Glorieta de Embajadores, para retomar la calle Embajadores, donde nos encontramos con tabernas como El Cadáver y Casa García. De la **iglesia de San Cayetano**, que construyeran Ribera y Churriguera en 1722, sólo quedan la fachada y el atrio, ya que el resto fue destruido en 1936. En el número 55 se encuentra la **Fábrica de Tabacos**, interesante porque es uno de los mejores ejemplos que se conservan de arquitectura industrial del siglo XVIII. Fue levantada en 1790.

Calle Mesón de Paredes. Taberna Antonio Sánchez

Le viene el nombre a esta castiza calle de un mesón que un tal Simón Miguel Paredes abrió en el siglo XVII.

Por el Madrid castizo

Andando el tiempo, aquel mesón devino en la **taberna de Cara Ancha** En 1870 la compró el torero Antonio Sánchez. Hoy esta taberna, situada en el número 13 de esta calle, es una verdadera reliquia, un tesoro que guarda todo el sabor del más genuino Madrid castizo. Era esta taberna muy frecuentada por el pintor Zuloaga, que le hizo un retrato al dueño. Aquí expuso su último cuadro y aquí mantenía una tertulia con Cossío. La decoración, eminentemente taurina, es auténtica, lo mismo que el mobiliario y los viejos utensilios de la taberna, que todavía se conservan. Sus torrijas se hicieron famosas, y se pueden acompañar los buenos vinos con canapés y dulces. Su visita es totalmente obligatoria.

Además de esta extraordinaria taberna, la calle conserva las interesantes ruinas de la **iglesia de las Escuelas Pías de San Fernando** y **La Corrala**, ambas construcciones en la confluencia con la calle Sombrerete. **La Corrala** es la vivienda de vecinos más popular de Madrid. Tiene la característica de que su corredor da al exterior. Es sin duda la mejor conservada y fue cuidadosamente restaurada no hace mucho tiempo. En el espacio que queda ante el edificio, el Ayuntamiento organiza de vez en cuando representaciones teatrales. Zarzuelas y sainetes se han inspirado continuamente en estas casas de vecindad, donde nació lo mejor del casticismo.

Lavapiés

Y casi sin darnos cuenta nos hemos adentrado en el corazón del barrio de Lavapiés, que es lo mismo que decir en el corazón del casticismo. Era el barrio judío de Madrid. La sinagoga se elevaba en la actual pla-

La casta de las cigarreras

En tiempos de José Bonaparte, 800 cigarreras se pusieron a trabajar en la Fábrica de Tabacos de la calle Embajadores. Tenían fama de ser de armas tomar, seguramente porque habían de vérselas más de una vez con los chulos de aquellos barrios bajos, y no era cosa de amedrentarse. Una anécdota ilustra su talante: en 1872 se introdujo una máquina para confeccionar cigarrillos de papel, que no gustó ni mucho ni poco a las cigarreras, a las que no se les ocurrió nada mejor que destruirla al grito de «¡Viva la libertad!». Seguramente temían que aquel artilugio les quitara el puesto de trabajo.

Mural pintado en la fachada lateral de un edificio de la calle de Embajadores, donde se conserva la Fábrica de Tabacos.

Itinerario Tercero

Manolos y Manolas

Manolos y Manolas es el sinónimo más preciso que define lo más auténtico del casticismo madrileño. Sin embargo, el origen de este nombre es curioso: como cabía esperar, procede del popularísimo Lavapiés, a la sazón, el barrio judío de Madrid. Tras la expulsión de los judíos allí quedaron los conversos, que tenían por costumbre poner *Manuel* a su primer hijo varón. De ahí que *Manolo* y *Manola* fuera una forma nada benévola de llamarle a uno judío o, si se quiere, cristiano nuevo. Con el tiempo, aquel apelativo marginador se convirtió en el sinónimo del más auténtico madrileñismo, tal como ahora lo conocemos.

za de Lavapiés. Es un barrio tradicional de tapeo, si bien en los últimos años se han abierto también numerosos bares musicales, muy frecuentados por los jóvenes. Lo moderno y lo clásico se dan aquí la mano de un modo totalmente natural.

Subiendo por la calle Ave María, en el número 45 nos encontramos con el entrañable café Barbieri, fundado en 1901. En la misma calle está la taberna La Campana, una de las más populares y concurridas de este bullicioso barrio. Frente a ella se pueden tomar unas extraordinarias croquetas y zapatillas en el café Melo's, y mejillones en Bodegas Alfaro. Pero no hay que apurarse. Las tascas son legión y la calidad de las tapas, francamente alta. En el número 6 se encuentra una taberna andaluza, El Burladero, de ambiente taurino y con hermosos azulejos.

Si la subida la hacemos por la calle Lavapiés, llegaremos enseguida a la **plaza de Tirso de Molina**. Y como vamos de tabernas, nada mejor que empezar en **Vinos**

Por el Madrid castizo

Plaza de La Corrala.

Paco, local centenario con magnífica azulejería. No es el único bar, ni mucho menos, y las barras están bien surtidas.

Calle de la Magdalena. Por la calle de la Magdalena nos podemos acercar hasta la de Atocha. En la calle de la Magdalena, en el número 12, se encuentra el **palacio de los marqueses de Perales**, magnífico ejemplo de barroco madrileño, realizado por Pedro Ribera en 1732. Uno de los marqueses de Perales fue muerto en este palacio en 1808 a manos del pueblo madrileño, cuando éste comprobó que las armas que se le habían dado para luchar contra los franceses eran defectuosas. En el número 21 de esta misma calle vivió Cervantes.

Plaza de Antón Martín. Esta plaza alcanzó gran popularidad entre la incipiente movida madrileña de la década de los setenta, gracias al **cine Monumental**, local de magnífica acústica que fue desde entonces utilizado como lugar habitual de conciertos de música moderna.

Y para movida, la que se organizó aquí en marzo de 1766, pues fue en este punto de Madrid donde se inició el famoso motín de Esquilache.

Calle Atocha. Al poco de arrancar la calle desde Antón Martín, habría que hacer un alto en el **Pasaje Doré**, para tomar un ligero tentempié en cualquiera de sus bodeguillas. Siguiendo ya por Atocha, en el número 85 estuvo la **imprenta de Juan de la Cuesta**, donde se imprimió *El Quijote*.

El Colegio de Médicos. Sin duda el edificio más significativo de esta calle es la antigua **Facultad de Medicina, Cirugía y Farmacia**, hoy sede del Colegio de Médicos.

En la página anterior, La Corrala. Este viejo edificio de vecinos es el más popular de Madrid. La particular característica de sus corredores mirando al exterior lo han convertido en un clásico de la ciudad. El patio al que se asoman sirve de escenario para representaciones teatrales y de zarzuelas.

Itinerario Tercero

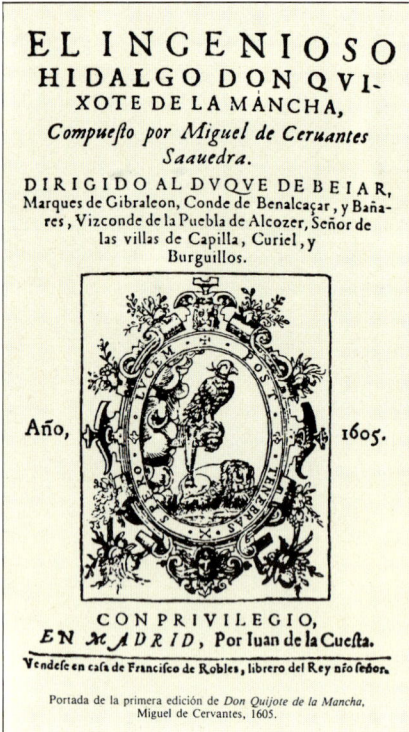

Portada de la primera edición de Don Quijote de la Mancha, *de Miguel de Cervantes. Se imprimió en 1605 en la imprenta de Juan de la Cuesta, cuyo taller estaba en el número 85 de la madrileña calle de Atocha.*

Aquí dieron clases Ramón y Cajal, que vivió en el 127, y Gregorio Marañón. Fue construida en 1831, siguiendo un proyecto que realizara en el siglo anterior Sabatini, el arquitecto de Carlos III.

8 **Centro de Arte Reina Sofía.** Obra también de Sabatini es el magnífico **Hospital General de San Carlos** (1776-1781), situado en la parte de atrás del Colegio de Médicos. Tiene su entrada por la calle Santa Isabel, 52, y hoy es la sede del Centro de Arte Reina Sofía, destinado a exposiciones y a todo tipo de montajes de arte vanguardista. También se convertirá en la sede del **Museo de Arte Contemporáneo**. Del gran edificio proyectado por Sabatini sólo se construyó una mínima parte, que acusa una gran influencia de la arquitectura de El Escorial.

Regresando por la calle Santa Isabel hacia Antón Martín, nos encontramos con el **convento de Santa Isabel**, del siglo XVII y con el **palacio de Fernán Núñez**, de época isabelina. Y ya desde Antón Martín daremos el salto hacia uno de los barrios más entrañables del Madrid de siempre.

El barrio de las Musas.

Quevedo, Lope de Vega, Góngora, Cervantes, Moratín... vivieron en este delicioso barrio, al que entraremos desde Antón Martín por la calle León, donde Góngora, en la esquina con la actual calle de Lope de Vega, decía que había «alquilado una casa que en el tamaño es dedal y en el precio de plata». Hay también en esta acera una interesante librería de ocasión. En la misma calle se encuentra la **Real Academia de la Historia**, obra de Juan de Villanueva, que la proyectó en 1788. Su interior, además de cinco **lienzos** de Goya, conserva una magnífica **biblioteca**.

La calle Lope de Vega se llamaba antes de Cantarranas, y en ella se encuentra el **convento de las Trinitarias Descalzas**. Aquí profesaron sor Marcela de San Félix e Isabel, hijas, respectivamente, de Lope de Vega y de Cervantes. Los restos de este último descansan en este convento. Cada 23 de abril, la Academia de la Lengua Española celebra un funeral en su memoria. La **librería Miranda** nos brinda uno de los mejores ejemplos de librería de viejo de Madrid.

Paralela a Lope de Vega corre la **calle de Huertas**, que cuenta con una gran animación de bares y pubs nocturnos –en el número 18 hay que visitar **Casa Alberto**, taberna fundada en 1827–, además del **palacio de Ugena**, en el número 3, obra de Pedro Ribera, que la proyectó en 1734. La **calle de Cervantes**, paralela a las anteriores, se llamaba antiguamente de Francos. En ella vivieron y murieron Cervantes y Lope de Vega, cuya **casa**, que el Fénix de los Ingenios había comprado en 1610, todavía se conserva (número 11).

Ambas calles están unidas por la de **Quevedo**, antes del Niño. En el número 7, vivió el genial escritor al que hoy está dedicada, y precisamente en la misma casa donde antes habitó su enemigo Góngora, al que Quevedo desahució. En una bodeguilla que hace esquina con Lope de Vega se pueden tomar buenos ahumados. En la acera de enfrente, un restaurante gallego, hasta no hace mucho poco más que una bodega, ha sido objeto de una profunda restauración, animada por la popularidad de sus codillos y de su cocina casera. La cocina sigue manteniendo su autenticidad a buenos precios.

Bajaremos por la calle Cervantes hasta la del Duque de Medinaceli. A la derecha, en la plaza de Jesús, se encuentra **la Dolores**, magnífica cervecería donde se tiran las mejores jarras de Madrid.

Volviendo a la calle Duque de Medinaceli y en la acera opuesta, se encuentra la **iglesia del Jesús de Medinaceli**, que conserva el milagrero Cristo, de gran devoción en Madrid. Es famoso que este Cristo, que estuvo cautivo en Fez y que fue liberado por los trinitarios en 1682, concede uno de los deseos que se le solicitan. Todos los primeros viernes de mes se forman inmensas colas de devotos que acuden a venerarlo. Esto da pie a que sea una de las paradas predilectas de mendigos y lisiados de aspecto de rezumada picaresca, que se asientan aquí para mover a compasión a esta clientela, entre la que abunda lo mejorcito de las clases conservadoras y acomodadas madrileñas. Un poco más adelante, y en la acera opuesta, se encuentra la **librería del Consejo Superior de Investigaciones Científicas**.

Carrera de San Jerónimo

Dejaremos por un momento el barrio de las Musas, para seguir un breve recorrido por la Carrera de San Jerónimo, una de las arterias más elegantes de Madrid. Saldremos a ella dejando a la derecha el **Hotel Palace**. Subiendo, la calle se abre a la plaza de las Cortes, y

Centro de Arte Reina Sofía. Situado a un costado de la estación ferroviaria de Atocha, el edificio perteneció al Hospital General, construido en el siglo XVIII.

Calle de Alcalá. A la derecha, la iglesia de San José, desde donde la popular Gran Vía, la más internacional de las calles de la ciudad, se adentra hacia el centro de Madrid.

Itinerario Tercero

Los leones que preceden la entrada al palacio de las Cortes se han convertido en personajes de Madrid.

Fachada del Teatro de la Zarzuela. Situado en la calle de Jovellanos, fue inaugurado en 1856.

🔵 frente a ella se encuentra el **palacio de las Cortes**, construido en 1850. Los leones que flanquean la puerta fueron fundidos en 1860 con el bronce de cañones capturados durante la guerra de África. Detrás del Congreso, en la calle Jovellanos, se encuentra el **Teatro de la Zarzuela**, inaugurado en 1856. En el número 7 de esta calle está el restaurante **Edelweiss**, famoso por sus codillos y muy frecuentado por los diputados del Congreso. En la calle Marqués de Cubas, 23, está la taberna del Prado, que sirve buenas tapas.

De nuevo en la Carrera de San Jerónimo, llegaremos hasta la **plaza de Canalejas**, donde existen dos interesantes edificios, el Banco Hispano Americano y el Crédit Lyonnais y, sobre todo, uno de los mejores establecimientos de dulces de Madrid, **La Violeta**, con una decoración deliciosa, a tono con los productos que se venden.

En el tramo entre esta plaza y la Puerta del Sol se encuentra el **palacio de Miraflores**, construido por Pedro Ribera entre 1730 y 1733. Está en el número 15. En la acera opuesta, en el número 30, se abre la pastelería Casa Mira, fundada en 1855, y en el número 6 se conserva uno de los grandes tesoros madrileños: **L'Hardy**, confitería y restaurante, fundado en 1839, famoso por su extraordinario cocido madrileño.

De nuevo por el barrio de Las Musas

Pero hemos dejado atrás el barrio de las Musas, que ahora lo retomaremos desde la plaza de las Cortes, donde lo abandonamos para tomar la **calle del Prado**, y meternos así en el corazón del Madrid literario, donde encontramos enseguida **El Ateneo** (Prado, 21). Esta ins-

Por el Madrid castizo

Congreso de los Diputados, en la elegante Carrera de San Jerónimo. Construido en 1850 en él se desarrolla la vida política española.

titución intelectual por excelencia fue fundada en 1820. El edificio actual data de 1884. En los últimos tiempos se ha abierto al público la cafetería, donde se reúnen los *culturetas* por excelencia. La historia de este Ateneo está ligada a la del mundo intelectual español desde el siglo pasado hasta nuestros días.

Pero la calle del Prado es algo más: es por excelencia la **calle de los anticuarios**. Aquí se concentran los de más tradición –junto con los del Rastro– y se extienden tanto por esta calle como por las adyacentes. En el tramo que va de la plaza de las Cortes hasta Santa Ana se pueden contar hasta 15 establecimientos de este tipo.

Tapeo en Echegaray. Subiendo por la calle del Prado, dejamos a la derecha la zona de Echegaray, con las calles Echegaray, Ventura de la Vega y Manuel Fernández y González, abarrotadas de bares y tascas. Podemos citar **La Venencia**, con un sabor entre lo castizo y andaluz, especialmente por sus buenos vinos de la zona, y **Los Gabrieles**, con su extraordinaria azulejería (en Echegaray), **La Trucha**, con sus pescaditos fritos, y el **Viva Madrid**, con su preciosa azulejería en la fachada, en la calle Manuel Fernández y González. Pero, evidentemente, nos quedamos cortísimos.

Plaza de Santa Ana. Esta preciosa plaza, que se abre en el solar del convento homónimo que fundara San Juan de La Cruz en 1586, es uno de los rincones más apacibles de Madrid. En el centro se alza la estatua de Calderón y frente a ella el **Teatro Español**, heredero directo del **Corral de Comedias del Príncipe**, abierto en 1583. El actual edificio fue construido en 1802

Itinerario Tercero

En vano intenta el oso comerse las frutas del madroño en esta escultura alegórica, símbolo de Madrid. Los arbustos de madroños crecían en los antiguos bosques que rodeaban a la ciudad. Este simpático monumento se halla en la plaza de la Puerta del Sol.

por Juan de Villanueva. Tuvo que ser restaurado después del incendio que sufrió en 1975. En sus bajos estuvo la célebre tertulia El Parnasillo.

No fue este el único **corral** de la zona. El primero de todos fue el legendario **de la Pacheca**, que se abrió en 1561 en la calle del Príncipe, casi pared con pared con el anterior, cuya apertura, por cosas de la competencia, obligó a cerrar al del Príncipe. En esta calle está todavía el **Teatro de la Comedia**. Para continuar la tradición literaria hay que acudir a **las Cuevas de Sésamo**, en Príncipe, 7. Es un agradable local, con música de piano, que se ha hecho famoso por el premio literario que se concede aquí todos los años. En la vecina plaza de la Cruz se hallaba el **Teatro de la Cruz**, abierto en 1579 y demolido en 1856. En estos locales se ha estrenado lo mejor de la producción dramática española desde el siglo XVI hasta nuestros días.

Una cervecería legendaria. Pero volviendo a la plaza de Santa Ana, no podía faltar aquí un local de tertulias, como es la **Cervecería Alemana**, que en su día fue frecuentado por Valle Inclán, Zuloaga, Solana, Benavente... entre otros muchos intelectuales. Hoy sigue siendo un rincón delicioso, al que se han sumado otros establecimientos, como la cervecería Santa Ana, inaugurada no hace mucho. El tapeo se puede hacer en la taberna Viña. En Santa Ana con Álvarez Gato, hay que admirar la magnífica azulejería –sin duda la mejor de Madrid– del antiguo tablao Villa Rosa. De la plaza saldremos hacia la plaza del Ángel –no sin recordar que los sábados por la tarde se celebra aquí un mercadillo de artesanos– dejando a la derecha el Hotel Victoria, interesante construcción de 1919.

Iglesia de los literatos. De la plaza del Ángel sale la calle de San Sebastián, donde se encuentra la **iglesia de San Sebastián**. Si cabía alguna duda de que estamos en el barrio de las Musas, no hace falta más que enumerar los grandes escritores y artistas relacionados con esta iglesia: aquí fueron bautizados Ramón de la Cruz, Barbieri, Echegaray y Benavente. Se casaron Bécquer, Larra y Zorrilla. Se guardan las actas de defunción de Lope de Vega, Cervantes y de los arquitectos Juan de Villanueva y Ventura Rodríguez.

Finalizaremos esta ruta por el barrio de los literatos en la plaza de Jacinto Benavente, donde todavía se encuentra el **Teatro Calderón**.

◁ Y más tapeo

Si el tapeo en toda esta ruta ha sido la norma, el barrio situado entre la plaza Benavente, Sol, Carrera de San Jerónimo y Núñez de Arce ofrece una de las mayores concentraciones de bares y tascas que uno pueda imaginar. Empezaremos por un clásico: **El Anciano Rey de los Vinos**, en la calle Paz, 4. Fue fundado en 1907. Buenos pinchos y torrijas. La **calle Carretas** –que toma su nombre de las barricadas que montaron los partidarios del comunero Juan de Padilla con todas las carretas que encontraron en la zona– es un inciso comercial y bullicioso, prolongación de la agitación de Sol, pero de pronto nos metemos en el laberinto de la Cruz, Victoria, Espoz y Mina, Barcelona, del Pozo o Núñez de Arce, para encontrarnos con una verdadera exageración. Desde los locales de ambiente taurino de

Por el Madrid castizo

la calle Victoria –normal, porque allí se encuentran las taquillas de venta anticipada para la plaza de toros– hasta las gallegas, asturianas, vascas, andaluzas o auténticamente madrileñas. El recorrido, entre olores a frituras, gambas a la plancha, aromas de callos y guisos es, para el amante del picoteo, una verdadera delicia.

El sol por montera. Y como vamos de tascas, no debemos dejar esta ruta sin dar un pequeño salto, para visitar una de las calles históricas de Madrid: así que pongámonos el *sol por montera*, como reza el dicho popular, y vámonos a esta concurridísima calle, la de Montera. Nos meteremos por la **calle de la Abada**, que se llama así por un rinoceronte que tuvieron en exposición en un corral en el siglo XVI, y seguiremos por Mesoneros hasta las **calles del Carmen y Preciados**, esta última es una de las vías peatonales más animadas de Madrid, llena de comercios, grandes almacenes, vendedores ambulantes, músicos callejeros... y desde Preciados nos meteremos por la de Tetuán, para visitar una de las tascas con más historia de todo Madrid.

Casa Labra. En el número 12 de Tetuán se encuentra este rincón histórico, fundado en 1860. Histórico, en efecto, porque aquí se fundó clandestinamente el Partido Socialista Obrero Español el 2 de mayo de 1879, de la mano del mismísimo Pablo Iglesias. Sin embargo, hay que reconocer que no es precisamente famosa por esta historia, sino por su magnífico bacalao rebozado y sus croquetas, especialidades magníficas de la casa, con las que daremos fin a esta ruta por el Madrid castizo.

Fachada principal del Teatro Español, uno de los más tradicionales e importantes de la red de teatros de la Comunidad de Madrid.

Antiguo grabado del corral de la Pacheca, el primero en su tipo, que se inauguró en Madrid en 1561, en la calle del Príncipe.

Itinerario Cuarto

POR EL MADRID COSMOPOLITA Y POPULAR

Oratorio del Caballero de Gracia, situado en la confluencia del comienzo de la Gran Vía y la calle homónima. Se lo considera una joya del neoclasicismo.

A pesar de su acentuado cosmopolitismo, la Gran Vía –arranque de esta ruta– tiene alma castiza, quizá porque se abrió paso, a golpe de piqueta, entre algunos de los barrios más populares de Madrid.

Sin embargo, lejos de romper el corazón de la ciudad, como ha pasado en muchas urbes con las nuevas avenidas que pretendían *sanear* los cascos antiguos, la Gran Vía madrileña se engarzó en el engranaje de la Villa y Corte de un modo tan natural, que hoy parece diseñada desde siempre, hasta el punto de que nos hace pasar –como veremos a lo largo de estas páginas– sin traumatismos, de la megalópolis al callejón tranquilo, a la zona de estudiantes o al campo, casi sin darnos cuenta.

La otra Gran Vía

La otra *Gran Vía* fue la zarzuela que se estrenó 24 años antes de que se iniciaran las obras de la Gran Vía madrileña. La música era de Chueca, y en ella se tomaba a chirigota aquel proyecto al que ya se sacaba punta en los mentideros de la corte. No era para menos: en aras de un presumible progreso, la piqueta quería abrirse paso por algunos de los barrios más populares de Madrid. Tan populares y mundanos como la calle Ceres, epicentro de la prostitución de aquel Madrid sainetero. Al final desaparecieron 14 calles y se modificaron 34 en los 1.315 metros por los que se hizo paso, finalmente, la piqueta. En total, 311 casas se vinieron abajo.

Por el Madrid cosmopolita y popular

La Gran Vía

La Gran Vía, esa moderna avenida que hoy, apenas cuarenta años después de haberse edificado su último solar, tiene ya un aire deliciosamente castizo y sin duda madrileñísimo, por esa capacidad que tiene la capital de fagocitar cualquier estilo foráneo y hacerlo propio, comenzó a abrirse en 1910. El mismo Alfonso XIII, armado con una piqueta de oro, dio aquel año los dos primeros golpes de derribo, que iniciaban oficialmente la apertura de esta magnífica calle.

Las obras se iniciaron en la parte de Alcalá y concluyeron en lo que hoy es la plaza de España. Los estilos de sus edificios se suceden a lo largo de casi kilómetro y medio de avenida, desplegando todo un panorama que abarca lo más significativo de la historia arquitectónica de la primera mitad de este siglo, desde el *historicismo* hasta el racionalismo americano del último tramo, que, según palabras de Fernando Chueca, desde luego no compartidas, «se despeña por cauces de estulticia arquitectónica».

De San José a la Telefónica. Sería ésta la Gran Vía más *parisiense*, por su estilo elegante y recargado. Se encuentran en esta zona algunas de las mejores joyerías madrileñas: en el ampuloso edificio del número 1, Grassy, con un interesante **Museo del Reloj**.

Fuente de la plaza del Callao. La plaza es una pequeña isla distribuidora de callejuelas comerciales y de típicas tascas que poco a poco se internan en el viejo Madrid.

Arriba, plaza del Callao, uno de los puntos neurálgicos de la Gran Vía madrileña. Desde aquí sale la calle de Preciados, precedida por unos grandes almacenes que tomaron su nombre.

Foto central, la Gran Vía, una de las calles más tradicionales de Madrid. En su casi kilómetro y medio de recorrido sorprenden los diferentes estilos arquitectónicos de sus edificios.

Itinerario Cuarto

Casa de las Siete Chimeneas. Los madrileños aún gustan de contar las leyendas que rondan a esta importante construcción que data del siglo XVI. Actualmente es la sede del Ministerio de Cultura y se halla en la calle de las Infantas, detrás de la Gran Vía.

En el número 12 reinó durante décadas el **bar de Perico Chicote**. Contaba con un impresionante **Museo de Bebidas**, que fue trasladado a las Torres de Colón cuando lo adquirió el polémico financiero Ruiz Mateos, que lo instaló en la sede de su expropiada Rumasa.

Oratorio del Caballero de Gracia. En la acera opuesta y casi a la misma altura, asoma el Oratorio del Caballero de Gracia. Se accede a este magnífico edificio, verdadera joya del neoclasicismo, por el número 5 de la calle Caballero de Gracia, a la que se llega por Peligros. Es una de las mejores obras del arquitecto Juan de Villanueva.

Ruta por los antiguos arrabales

Hortaleza, lo mismo que **Fuencarral**, son dos arterias que conservan un comercio popular en contraste con los grandes o elitistas de la Gran Vía. Se trata de calles de intenso tráfico, pero que conservan cierto aire provinciano, que a veces es casi lo mismo que decir muy madrileño. No abundan los monumentos, pero hay dos joyas incuestionables. La primera, una joya popular, la **taberna de Los Pepinillos**, en el 59, donde se pueden tomar los mejores *vinagres* de Madrid.

8 Una obra maestra. La segunda es una joya universal: *La última comunión de San José de Calasanz*, de Goya, que se exhibe en la iglesia de San Antón, en la calle Hortaleza, 63. Obra de la última época del genial pintor es, sin lugar a dudas, uno de sus mayores logros artísticos, que recoge toda la fuerza expresiva de su pincel.

El barrio de Chueca

A la derecha de Fuencarral se extiende el popular barrio de Chueca, antes conocido como el de Los Chisperos y también de Los Chisperos de Barquillo. Fue una de las cunas de la movida madrileña a principios de los setenta, especialmente por aquel pub que se llamaba La Vaquería y que se abrió, todavía en la época de Franco, en la calle Libertad.

El barrio gira sobre dos polos: la calle Infantas y la plaza de Chueca. Esta última es un lugar muy agradable, especialmente en las mañanas de primavera, con una de las tabernas mejor conservadas de Madrid, además de bastantes bares de tapeo. Las tascas y restaurantes abundan en este barrio, especialmente en sus dos ejes principales. En Libertad sigue abierto el entrañable restaurante **Carmencita**, vieja taberna fundada en el siglo XVIII, que conserva, con una cocina ahora moderna, todo el sabor del siglo pasado. Acudían a sus tertulias Primo de Rivera, Bombita o Federico García Lorca. El otro eje es **Barbieri**, donde El Criollo se precia de dar uno de los menús más económicos de Madrid. En Augusto Figueroa, frente al mercado, está otro de los locales populares: **La Tienda de Vinos**, establecimiento conocido, desde siempre, como El Comunista.

Por la calle Infantas, detrás de la Gran Vía, bajaremos hasta la **plaza del Rey**, donde se encuentra la **casa de las Siete Chimeneas**, interesantísimo edificio del siglo XVI, en el que intervinieron los arquitectos escurialenses Juan Bautista de Toledo y Juan de He-

El fantasma de las Siete Chimeneas

Todo el mundo sabe que la casa de las Siete Chimeneas está habitada por el fantasma de una mujer vestida de blanco que recorre los aposentos con un hachón encendido. En un punto determinado se detiene y, con la mirada dirigida hacia Oriente, se arrodilla. Bien; lo cierto es que, a finales del siglo pasado, bajo el suelo del sótano, se encontró el cadáver de una mujer. Junto a ella había unas monedas de la época de Felipe II. Y la casa, según cuentan, fue construida para una amante de este monarca.

El Centro Dramático Nacional –Teatro María Guerrero–, que pronto será denominado Teatro de Europa, creado por la Comunidad Económica Europea, encabeza los teatros nacionales.

Itinerario Cuarto

Bárbaro gasto

«Bárbaro gasto, bárbara renta. Bárbaro pueblo, bárbara reina», expresaba un pasquín que circuló a raíz de las obras del monasterio de las Salesas Reales, mandado construir por Bárbara de Braganza, esposa de Fernando VI. El conjunto comprendía un palacio, adonde ella pensaba retirarse si enviudaba del rey, un convento y un palacio. El coste total alcanzó la friolera de ochenta millones de reales.

rrera. Este edificio está asociado a una fantástica leyenda. Fue, además, en el siglo XVIII, residencia del marqués de Esquilache, que se las vio y se las deseó la noche del 23 de marzo de 1766, cuando el pueblo madrileño asaltó la casa durante el famoso motín. En 1820, el pueblo –siempre el pueblo– volvió a entrar en la casa para sacar a hombros, entre vítores a la libertad, al hijo del general Lacy, que había sido víctima del absolutismo y cuya viuda vivía en las Siete Chimeneas. Por fin, a finales del siglo XIX, esta casa volvió a ser asaltada, esta vez por los acreedores del Banco de Castilla, que tenía aquí su sede y que había sido protagonista de una quiebra fraudulenta.

Cruzaremos la plaza del Rey hasta **Barquillo**, que deja a la derecha el **palacio de Buenavista**. Subiremos hasta la calle Piamonte. Al final a la derecha, se encuentra el **Teatro María Guerrero**. Seguiremos a continuación hasta Fernando VI que, a la derecha, nos llevará hasta la **plaza de las Salesas**.

8 Monasterio de las Salesas Reales (Palacio de Justicia). Fue construido entre 1750 y 1758 por orden de doña Bárbara de Braganza, esposa de Fernando VI. Pensaba habitarlo en caso de que enviudara, pero murió unos meses antes que el rey, sin haberse cumplido el año de la fundación del monasterio. Éste se abrió el 27 de agosto de 1758.

Los cuerpos de los monarcas se depositaron en la magnífica iglesia del monasterio –uno de los mejores exponentes barrocos de Madrid– y son los únicos monarcas sucesores de Carlos V que no están enterrados en el monasterio de El Escorial. Sus **mausoleos** fueron

Iglesia del Monasterio de las Salesas Reales, actual sede del palacio de Justicia. El templo, de estilo barroco, guarda los restos de Fernando VI y de su esposa Bárbara de Braganza.

Por el Madrid cosmopolita y popular

Salón de baile del Museo Romántico. El museo ocupa el palacio de los condes de la Puebla Maestre y se halla sobre la calle de San Mateo. En sus salas, con reminiscencias del romanticismo, se guardan interesantes colecciones de muebles isabelinos, imperio y fernandino.

realizados durante el reinado de Carlos III, bajo la dirección de Sabatini. En esta iglesia se encuentra también el **mausoleo de O'Donnell**. El resto de las dependencias fue reutilizado, tras la desamortización, como Palacio de Justicia.

Si seguimos por la calle Marqués de la Ensenada nos encontraremos enseguida el **Liceo Francés** y, en la parte de atrás del Centro Colón, el famosísimo pub-discoteca Bocaccio, centro obligado de cita de políticos, artistas y famosos en general.

Rodearemos el **parque Villa de París** y bajaremos de nuevo hasta la plaza de las Salesas, para volver a tomar la calle Fernando VI. En el número 6 se encuentra **la Sociedad General de Autores**, instalada en la **casa de Longoria**, construida en 1901 por Grases Riera. Es, sin duda, el mejor exponente madrileño del modernismo. En la acera de enfrente se encuentra la **librería Antonio Machado**, una de las mejores de Madrid.

Cuando Fernando VI cruza con Hortaleza, queda a la derecha la **plaza de Santa Bárbara**, delicioso rincón, con un magnífico quiosco en el centro, donde son famosos sus granizados y su horchata y también su terraza, frecuentadísima con el buen tiempo. En la misma plaza se encuentra la terraza de la **cervecería Santa Bárbara**, donde se tiran los mejores *barritos* de Madrid.

El Museo Romántico

San Mateo, 13. Horario: de 10 a 15 horas. Cerrado lunes, festivos y agosto.

Volviendo de nuevo a Hortaleza, y dejando atrás la bella **fuente de los Delfines**, de Ventura Rodríguez, to-

Itinerario Cuarto

Tertulia de Pombo

De todas las tertulias de la historia de Madrid, quizá la más famosa fue la del Pombo. El café Pombo se encontraba en el callejón de San Ricardo, entre Carretas y Correos. Allí se reunió toda la generación del 98 y a ella fue, durante 20 años, Ramón Gómez de la Serna. De esa tertulia quedó fiel constancia, gracias al pincel de Solana, que la inmortalizó en su célebre cuadro *Tertulia de Pombo*, que hoy se expone en el Museo de Arte Contemporáneo. La mesa en torno a la que se reunían los contertulios de Ramón Gómez de la Serna se encuentra ahora en el Museo Romántico.

maremos la Travesía de San Mateo para llegar a la calle San Mateo. En el número 7 se encuentra el antiguo **palacio de los duques de Veragua**, que perteneció a los descendientes de Cristóbal Colón. En el número 13, instalado en el **palacio de los condes de la Puebla Maestre**, se encuentra el **Museo Romántico**: junto a obras maestras de la pintura, de autores tan relevantes como Carreño de Miranda, Valdés Leal, Lucas Jordán, Zurbarán, Maella y Goya, se muestra una excelente colección de mobiliario de estilos isabelino, imperio y fernandino. El ambiente romántico es delicioso y, como curiosidad, se guardan las pistolas que pertenecieron a Mariano José de Larra.

Museo Municipal

Fuencarral, 78. Horario: de 10 a 14 y de 17 a 21. Cerrado lunes y festivos.

De la calle San Mateo pasaremos a la de Fuencarral para visitar el Museo Municipal instalado en el edificio del antiguo Hospicio General de Pobres del Ave María y de San Fernando. Construido entre 1722 y 1799, destaca la recargadísima portada, obra maestra de Pedro Ribera. A través de pinturas, planos, bocetos y maquetas, en este museo se puede hacer un recorrido retrospectivo de Madrid a través de su historia. Conserva además magníficas piezas arqueológicas y paleontológicas y obras de arte pertenecientes al Ayuntamiento, como la custodia, o lienzos de Berruguete, Palomino, Carducho, Bayeu, Maella o Goya, entre otros muchos autores.

Detrás del museo se encuentran los **jardines de Ribera**, con una magnífica **fuente** de Pedro Ribera.

Glorieta de Bilbao

Seguiremos por Fuencarral hasta la **Glorieta de Bilbao**. Tiene su interés porque es uno de los *centros* de Madrid y, sobre todo, por una vieja gloria: el **Café Comercial**, magnífico café de los antes, que contó en sus tertulias con lo más granado de los literatos e intelectuales de la primera mitad de este siglo. Hoy es también, especialmente por la noche, lugar de cita de muchos jóvenes, que lo toman como punto de partida hacia las zonas de copeo próximas a esta glorieta. Y, hablando de reliquias, casi al lado, en el número 2 de la calle Sagasta, hay una **tasca**, con excelentes tapas de queso, que merece una visita.

San Bernardo

Equidista Bilbao de Alonso Martínez, del popular **barrio de Chamberí** –que es una buena zona de restaurantes–, de la **Glorieta de Quevedo** y de la de Ruiz Giménez, más conocida por **San Bernardo**. Si bajamos por esta calle, que fue en otro tiempo una de las principales de Madrid, nos encontraremos enseguida con la **iglesia de Montserrat**, obra de Pedro Ribera y uno de los mejores exponentes del barroco madrileño. Su nombre, tan catalán, le viene de su fundación, en tiempos de Felipe IV: estaba destinada a acoger a los benedictinos castellanos que se encontraban en el monasterio de Montserrat al estallar la guerra de Cataluña.

Si dejamos por un momento San Bernardo y nos internamos por la calle Quiñones, entramos en un delicioso

Por el Madrid cosmopolita y popular

barrio, quieto en el tiempo. En la **plaza de las Comendadoras** se encuentra el **convento** homónimo. El interior de su iglesia, del siglo XVII, es uno de los mejores ejemplares de barroco madrileño. Dentro de ella todavía hoy se reúnen en capítulo los caballeros de la Orden de Santiago. Merece también una especial visita la **sacristía**. Desde aquí nos podemos acercar hasta la plaza de los Guardias de Corps para admirar la portada de Pedro Ribera del **cuartel del Conde Duque**, donde estuvo instalado el regimiento de Guardias de Corps –al que perteneció Godoy– y que hoy es un centro cultural del Ayuntamiento.

El barrio de Malasaña

Casi enfrente de la calle Quiñones, en la otra acera de San Bernardo, está la calle Daoiz, que en pocos pasos nos lleva hasta la plaza del Dos de Mayo, corazón del otrora tranquilo y hoy animadísimo **barrio de Malasaña**, que antes se llamó barrio Maravillas. De su ambiente de copas hablaremos en otro lugar. Son gloriosas las verbenas que se celebran en esta plaza en la semana del dos de mayo. Se conserva en el centro de la misma la puerta del **parque de Monteleón**, bravamente defendido por los héroes de 1808, Daoiz y Velarde, que murieron capitaneando al pueblo madrileño frente a las tropas francesas.

San Bernardo es una calle de bares de fritos y de **librerías**, entre ellas algunas de las mejores de Madrid, tanto en libros actuales como de viejo o de ocasión. La razón hay que buscarla en que aquí radicó desde 1844 hasta los años cincuenta, la **Universidad Complutense**, en el antiguo edificio del noviciado de los

El primer rascacielos

La Telefónica fue el primer *rascacielos* madrileño que trajo las corrientes edificatorias americanas a la meseta castellana. Fue levantada entre 1926 y 1929 y se utilizaron tres mil toneladas de hormigón y otras tantas de hierro. Se necesitaron tres millones de ladrillos y dos mil metros cúbicos de granito. Tiene 660 ventanas. Había llovido ya bastante desde que se instaló en 1885 el primer teléfono en Madrid: aquel año el número de abonados fue de 49.

Fachada del popular Café Comercial, en la Glorieta de Bilbao.

Itinerario Cuarto

Monumento a Cervantes, en la plaza de España. Diseñado por Teodoro Anasagasti y Mateo Inurria, es obra del escultor Coullaut Valera y caracteriza a esta plaza situada al final de la Gran Vía.

jesuitas. Más adelante se encuentran el **Ministerio de Justicia** –antiguo palacio Sonora– y el **palacio Ágreda**, en el número 21. En el 35 vivió la condesa Emilia de Pardo Bazán.

Entraremos por la Flor Alta hasta la **calle Libreros**, lugar de peregrinaje de los universitarios en busca de libros de texto de ocasión. La Felipa, Doña Pepita y La Casa de la Troya son las librerías más populares.

Subiremos luego hasta la calle de la Estrella, para tomar la de San Roque donde, esquina con la calle del Pez, se encuentra el **convento de San Plácido**. Aquí se

Por el Madrid cosmopolita y popular

Vista general de la plaza de España, rodeada de las monumentales estructuras del edificio España y de la Torre de Madrid, obras de los hermanos Otamendi.

desarrolló una truculenta historia de líos de nobles y novicias en la que estuvo implicado Felipe IV.

Callejeando por este barrio de otro siglo, seguiremos por Pez hasta Corredera Baja y La Puebla, para visitar **San Antonio de los Alemanes**, con el interior pintado por Lucas Jordán y Carreño. En el 16 de Corredera Baja se encuentra el **hospital del Refugio**, donde siguen dando comida gratis a los menesterosos. De aquí era la Hermandad del Pan y del Huevo, que repartía alimentos entre los pobres de solemnidad.

Seguiremos después por la calle del Desengaño y visitaremos la **iglesia de San Martín**, que guarda obras de Murillo, Carreño de Miranda, Pedro de Mena, Gregorio Fernández... Y luego ya, por Desengaño, cruzaremos La Ballesta –una de esas calles de mala nota y peor fama– y optaremos por salir a Fuencarral o directamente a Gran Vía, a la altura de la Telefónica.

New York, New York...

Inmediatamente después de Fuencarral se encuentra el primer rascacielos madrileño, la **Telefónica**, construido entre 1927 y 1929 por el arquitecto neoyorquino Weeks, que introdujo en la capital el estilo del Manhattan de principios de siglo.

El **palacio de la Prensa**, en Callao, realizado en 1928 según el proyecto del arquitecto Muguruza, y el **edificio Carrión**, sobre el cine Capitol, son dos de los ejemplos de este *Madrid americano*.

Plaza de España

El **edificio España** y la **Torre de Madrid**, ambas obras de los hermanos Otamendi, junto con el mo-

Más allá de los cien metros

Con el edificio España, se abre definitivamente la megalomanía arquitectónica en el Madrid moderno, que ya se había apuntado, aunque con cierta timidez, en algunos edificios de la Gran Vía. Con este interesante edificio se superan, por primera vez en España, los cien metros de altura –concretamente 117 metros– y para ello se utilizaron 7.500 toneladas de cemento y 2.200 de hierro. Cuenta con 3.123 ventanas y 4.146 puertas.

Itinerario Cuarto

Arco de la Victoria, proyectado por los arquitectos Modesto López Otero y Pascual Bravo.

numento a Cervantes –diseñado en 1915 por Teodoro Anasagasti y Mateo Inurria, y realizado por el escultor Coullaut Valera– definen ampliamente esta plaza, sin duda una de las más características del Madrid grandilocuente de la posguerra.

Edificio España. Se inició su construcción en 1948. En él se combinan el estilo historicista, patente en su portada neobarroca, con el internacional, basado en las estructuras de hormigón armado. Es el primer gran rascacielos madrileño, muy por encima ya de otros edificios, como el de la Telefónica, hasta entonces el techo de Madrid.

Torre de Madrid. Con sus 32 plantas y sus 137 metros de altura, este edificio construido entre 1954 y 1957 llegó a a ser el más alto de Europa. Como el anterior, es obra de los hermanos Otamendi. En éste desaparecen las líneas historicistas, en favor de un diseño mucho más funcional. En estos momentos está superado en altura por la Torre Picasso.

Iglesia de San Marcos. Detrás del edificio España, en la calle San Leonardo, 10, se encuentra esta iglesia, joya del último barroco madrileño. Realizada por Ventura Rodríguez entre 1749 y 1753 por encargo de Felipe V, estaba destinada a conmemorar el triunfo en la batalla de Almansa, obtenido medio siglo antes frente al archiduque Carlos en su disputa por la Corona de España. En los frescos que decoran la cúpula, además de escenas de la vida de San Marcos, se representa la citada batalla de Almansa, en la que intervino el primer duque de Berwick y Liria, quien aparece retratado sobre un caballo blanco.

Calle de la Princesa

Fue en sus orígenes el camino de la Moncloa y, más tarde, una calle residencial. Hoy es una de las arterias de la ciudad, continuación *natural* de la Gran Vía, con edificios modernos, entre los que destacan el Meliá del arquitecto Antonio Lamela, y la **casa de las Flores**, construida en 1931 bajo la dirección de Secundino Zuazo. Sin embargo, esta calle todavía conserva el mejor exponente de su arquitectura aristocrática: El palacio de Liria.

El Palacio de Liria. Princesa, 20. Horario de visita: Sábados por la mañana. Hay que solicitarla previamente.

Es la mejor residencia aristocrática madrileña todavía habitada. Las obras de este impresionante palacio neoclásico fueron realizadas por orden del tercer duque de Berwick y Liria, Jacobo Stuart Fitz-James, que casó con una hermana del duque de Alba. Heredó este ducado a la muerte de María Pilar Teresa Cayetana. Hoy el palacio es la residencia de los duques de Alba.

Se iniciaron las obras en 1773, según proyecto de Sabatini y Ventura Rodríguez, fundamentalmente. El palacio fue devastado por la aviación franquista en 1936. Reconstruido al final de la guerra, fue reinaugurado 20 años más tarde.

En su interior se guarda una de las mejores **colecciones de pintura** de España, en la que pueden admirarse,

Los títulos de Alba

Probablemente, ninguna casa de la nobleza europea ha acaparado tantos títulos como María del Rosario Cayetana Fitz James Stuart y Silva, duquesa de Alba, de Berwick, de Montoro, de Liria y Jérica, de Arjona, de Híjar; condesa-duquesa de Olivares, con grandeza de España (GE); marquesa de San Vicente del Barco (GE), del Carpio (GE), de Coria, de Eliche, de la Mota, de San Leonardo, de Sarria, de Villanueva del Río, de Tarazona, de Villanueva del Fresno, de Barcarrota, de la Algaba, de Osera, de Moya, de Almenara, de Valdunquillo, de Mirallo; condesa de Lemos (GE), de Lerín, de Monterrey (GE), de Osorno (GE), de Miranda del Castañar (GE), de Palma del Río (GE), de Aranda (GE), de Salvatierra (GE), de Andrade, de Ayala, de Fuentes de Valdepero, de Gelves, de Villalba, de San Esteban de Gormaz, de Fuentidueña, de Casarrubios del Monte, de Galve, de San Cruz de la Sierra y de Ribadeo; vizcondesa de la Calzada y condestable de Navarra (GE).

Por el Madrid cosmopolita y popular

entre otras muchas obras maestras, telas de Rembrandt, Rubens, Teniers, Fra Angelico, Andrea del Sarto, Tiziano, Mengs y Renoir, además de una impresionante selección de pintura española con obras de Zurbarán, El Greco, Murillo, Ribera, Sánchez Coello y, especialmente, Goya.

Siguiendo por Princesa, inmediatamente después de cruzar los grandes almacenes que forman esquina con Alberto Aguilera, entramos de lleno en la zona estudiantil, dada la proximidad de la Universidad Complutense. Es una zona animada por infinidad de bares, tascas y cafeterías donde los estudiantes repasan sus apuntes; pubs que alargan la animación hasta la madrugada; tenderetes, comercios, librerías... El conjunto es uno de los más animados de Madrid. Estamos en los llamados barrios de Argüelles y Moncloa.

Plaza de la Moncloa. Finaliza Princesa en la plaza de la Moncloa, ejemplo del más puro estilo arquitectónico

Salón de pintura flamenca del palacio de Liria, residencia oficial de los actuales duques de Alba. El edificio es el mejor ejemplo de la arquitectura aristocrática. Puede visitarse las mañanas de los sábados, previa solicitud.

Itinerario Cuarto

Arroyo aprendiz de río

*Manzanares, Manzanares,
arroyo aprendiz de río,
(...)
Muy ético de corriente,
muy angosto y muy roído,
con dos charcos por muletas,
en pie se levantó y dijo:
«Tiéneme del sol la llama
tan chupado y tan sorbido,
que se me mueren de sed
las ranas y los mosquitos.
Yo soy el río avariento
que, en estos infiernos frito,
una gota de agua sola,
para remojarse pido».*

                    Quevedo

El edificio del Museo de Arte Contemporáneo es obra de Jaime López de Asiaín, por el que ganó el Premio Nacional de Arquitectura.

franquista. En su urbanización intervino Albert Sepeer, arquitecto de Hitler. En este espacio, de lenguaje frío y grandilocuente, sobresale el antiguo Ministerio del Aire, hoy Cuartel General del Aire, obra de Gutiérrez Soto. Su evidente imitación de El Escorial hizo que, humorísticamente, se le llamara la *novena maravilla del mundo*. En el otro lado de la plaza, hay un templete circular dedicado a los caídos del bando de Franco. Cerrando el conjunto, y como una descomunal puerta de Madrid, se alza el **Arco del Triunfo**, de 40 metros de altura, proyectado por los arquitectos Modesto López Otero y Pascual Bravo. La cuádriga superior es de Arregui y representa a Minerva. Bajo el arco debía ir la escultura ecuestre de Franco. Como no se pusieron de acuerdo en si debía mirar hacia la Avenida de la Victoria –que se inicia aquí– o hacia Madrid, se optó por la solución salomónica de trasladarla a la entrada de los Nuevos Ministerios.

Ciudad Universitaria

La idea de una Ciudad Universitaria fraguó en 1927, cuando se cedió para este fin un espacio de 320 hectáreas. Dos años más tarde se iniciaron las obras, dirigidas por Manuel López Otero. Durante la guerra civil los edificios resultaron gravemente dañados, al fijarse aquí el frente durante los tres años de la contienda. Las obras se reiniciaron, bajo la dirección del mismo arquitecto, al final de la guerra. De aquella primera época son los edificios de Farmacia, Filosofía y Letras y Derecho, el Pabellón de gobierno y la Escuela de Arquitectura, junto a la cual se encuentra situada la **portada del antiguo hospital de La Latina**, de estilo gótico isabelino.

Por el Madrid cosmopolita y popular

Dentro de la Ciudad Universitaria pueden visitarse dos museos:

● **Museo de América.** Avda. Reyes Católicos, 6. Horario: de 10 a 19. Cerrado lunes y festivos.
Está dedicado al arte precolombino y a obras hispánicas en América. Entre sus colecciones destaca el **tesoro de Quinbaya**, regalado por el gobierno de Colombia a María Cristina, y un **códice maya** mexicano.

● **Museo de Arte Contemporáneo.** Avda. Juan de Herrera, 2. Horario: 10 a 18. Domingos, 10 a 15. Lunes y festivos cerrado.
El edificio es obra de Jaime López de Asiain. Finalizado en 1969, valió a su autor el Premio Nacional de Arquitectura. En el interior se encuentran esculturas, pinturas, grabados y dibujos de los siglos XIX y XX, con obras de Dalí, Gargallo, Chillida, Picasso, Zuloaga, Henry Moore, Oteiza, Miró, Saura o Tàpies, entre otros muchos.

El Palacio de la Moncloa
Próximo a la Ciudad Universitaria, entre la avenida Puerta de Hierro y la carretera de El Pardo, se encuentra este palacio neoclásico, hoy residencia del Presidente del Gobierno, que mandó construir la famosa duquesa Cayetana de Alba. Fue también residencia de José Bonaparte, María Cristina e Isabel II. Destruido durante la guerra civil, fue reinaugurado en 1955.

Puerta de Hierro
Hoy está situada en la misma autopista de La Coruña. Era en su origen la puerta del coto real de los montes

Escultura del patio exterior del Museo de Arte Contemporáneo. El museo tiene una destacada colección de pinturas, grabados, esculturas y dibujos de los siglos XIX y XX de artistas como Dalí, Picasso, Chillida y Zuloaga, entre otros. Está previsto trasladar el museo al Centro de Arte Reina Sofía.

Itinerario Cuarto

Terrazas a la sombra de los pinares del parque del Oeste. El lugar que ocupa hoy este espléndido espacio verde madrileño fue, hasta el siglo pasado, un vertedero.

El parque del Oeste está situado a los pies de la avenida de la Victoria y se trazó a principios de siglo. Fue un frente atrincherado durante la guerra civil, en la que quedó destruido.

de El Pardo, que en principio iban a estar cercados por una tapia. Por aquí pasaban las comitivas reales camino de esta zona de descanso y caza. Fue construida en 1753, en tiempos de Fernando VI, con piedra blanca de Colmenar.

Excursión a El Pardo

Merece la pena esta excursión, aunque sea por la delicia de recorrer un espacio virgen, de espesos bosques, protegidos desde hace siglos por el Estado. Famoso por su riqueza cinegética, El Pardo fue elegido ya en 1405 por Enrique III de Castilla para construirse una casa. Ha sido, como es bien sabido, la residencia oficial del anterior jefe del Estado, Francisco Franco. En sus montes sigue abundando la caza, entre la que destacan los gamos y los ciervos. Pero el acceso a estos montes está estrictamente limitado. El pueblo es muy frecuentado por los madrileños, que acuden a disfrutar del paisaje y a comer o merendar en los muchos restaurantes de la localidad.

Palacio de la Zarzuela. Antes de llegar a El Pardo se encuentra la residencia oficial de los Reyes de España. El palacio actual data de después de la guerra y se debe a Diego Méndez. El anterior, del siglo XVII, que mandó edificar el cardenal infante Fernando de Austria, hijo de Felipe III, fue destruido durante la guerra civil.

El Real Sitio de El Pardo. Consta del palacio, la iglesia, la Casita del Príncipe y la Quinta, además del ya citado palacio de la Zarzuela.

El palacio de El Pardo. Del edificio que mandó construir Enrique III hoy no queda nada. En su lugar, Carlos V edificó un palacio del que se conservan la torre y la portada oeste. Tras el incendio de 1605 y las sucesivas reformas, fue ampliado en el siglo XVIII. La obra se la encargó Carlos III a su arquitecto Sabatini. En su trabajo respetó el estilo original. En su interior destaca la **colección de tapices** realizados con **cartones de Goya**. En este palacio murió Alfonso XII y, desde 1940 hasta 1975, año de su fallecimiento, fue residencia de Franco.

La casita del Príncipe. Este edificio de una sola planta es una de las mejores obras del arquitecto Juan de Villanueva. Se destinó al que pronto sería Carlos IV, y data de 1785. Su interior está decorado con la riqueza exuberante del rococó. Los frescos llevan la firma de Maella y Bayeu. También hay una importante colección de retratos de Mengs.

La Quinta. Destaca en esta construcción el jardín y la colección de papeles pintados de su interior. Hoy está destinada a museo. Perteneció al rey Felipe V, que la utilizó como casa de campo. La recibió del alcalde de El Pardo como regalo.

El Cristo de El Pardo. La iglesia del Santo Cristo de El Pardo se encuentra a dos kilómetros del pueblo. Fue mandada construir por Felipe III. En el interior sobresale *El Cristo de El Pardo*, obra maestra de

Por el Madrid cosmopolita y popular

Gregorio Fernández. Preside el altar mayor un cuadro barroco de Francisco Ricci.

Volvemos a Madrid, y en el cruce de la carretera que nos trae de El Pardo con la de Castilla, muy cerca ya del parque del Oeste, se encuentra el **puente de los Franceses**, que tuvo un papel relevante en este frente durante la guerra civil, y cuya defensa dio pie a una de las canciones más populares de la contienda.

Parque del Oeste

Este delicioso pulmón fue hasta el siglo pasado un vertedero. Convertido en parque a principios de siglo, quedó prácticamente arrasado durante la guerra civil, ya que aquí se encontraba todo un frente atrincherado. Se extiende al pie de la avenida de la Victoria hasta la vía del ferrocarril que sale de la estación del Norte. Más adelante cubre todo el desmonte por debajo del paseo del Pintor Rosales. Bajo este paseo se extiende **La Rosaleda**. Desde aquí parte el teleférico que lleva hasta la Casa de Campo.

La Casa de Campo

El acceso a la Casa de Campo desde el teleférico es uno de tantos, aunque éste es quizás uno de los más típicos. Nos lleva al corazón de este espacio de cerca de 1.800 hectáreas de arbolado, verdadero pulmón madrileño, que compró Felipe II para disponer de una amplia zona de caza cerca del Alcázar. Con los Borbón fue escenario de festejos cortesanos. En 1931 pasó a ser parque público y hoy constituye una de las zonas más frecuentadas por los madrileños, especialmente con el buen tiempo.

Edificio del Cuartel General del Aire, en el parque del Oeste. En el parque se halla La Rosaleda, con diferentes especies de rosas y donde se realizan exposiciones de estas flores.

Palacio de El Pardo, levantado en el Real Sitio de El Pardo en las afueras de Madrid. Sus salas guardan una colección de tapices realizados a partir de los cartones de Goya.

Itinerario Cuarto

En la Casa de Campo se encuentra el **Parque de Atracciones**, considerado uno de los mejores de Europa; el **Zoológico**, que tiene 20 hectáreas y más de 2.000 animales; la **Venta del Batán**, donde se exponen los toros que se han de lidiar en Las Ventas; y, finalmente, **el Lago**, magnífico espacio, rodeado de terrazas y merenderos, donde se puede ir en barca, pasear, hacer deporte o comer algo en medio de los árboles y en uno de los rincones más relajantes de Madrid.

Volvemos a **La Rosaleda**. Desde aquí podemos hacer un pequeño recorrido por un rincón de Madrid lleno de sorpresas: en esta zona se encuentra la **Escuela Nacional de Cerámica** y el **cementerio de La Florida** donde están enterrados, en una fosa común, los 29 héroes madrileños fusilados en la Moncloa el 3 de mayo de 1808 y que inmortalizara Goya. Desde aquí descenderemos hasta el paseo de la Florida, para visitar una de las joyas de Madrid.

San Antonio de La Florida

Glorieta de San Antonio de La Florida. Horario: de 10 a 15 y 16 a 20. Sábados y domingos de 10 a 14. Cerrado lunes y festivos.

No hay una ermita, sino dos. La segunda fue levantada este mismo siglo para dedicarla al culto. La original se construyó entre 1792 y 1797 según proyecto de Fontana, arquitecto de Carlos IV. Pero la gran joya y la gran gloria de esta ermita son los **frescos** que pintó el genial Goya en la cúpula. Representan los milagros del santo, pero realizados con una fuerza expresiva impresionante. La solución de pintar una barandilla desde la que los personajes, marcadamente populares, se *aso-*

La siesta del oso panda, uno de los animales más mimados del Zoo madrileño, que ocupa unas 20 hectáreas de los terrenos de la Casa de Campo. El Zoológico cuenta con alrededor de 2.000 animales.

Por el Madrid cosmopolita y popular

man al interior del templo, crea un espacio mágico que incorpora de lleno al espectador a la escena. Es sin duda una de las obras maestras, cargadas de modernidad, del gran pionero de las vanguardias europeas.

Hoy esta ermita se ha convertido en un verdadero santuario del pintor aragonés, ya que aquí se encuentran depositados sus restos, traídos desde Burdeos, donde originalmente fue enterrado. Así, esta ermita, una de las más populares de Madrid, se ha convertido en sepulcro del primer pintor del Madrid popular.

Saliendo de la ermita, hacia la izquierda, enfilamos el **paseo de la Florida**. En la misma acera encontramos en seguida la **sidrería Casa Mingo**, una de las más concurridas de Madrid, donde corre a mares la sidra, acompañada de cabrales y pollo asado para merendar. Al final del paseo se halla la **estación del Norte**, magnífico ejemplo de las construcciones de estructura de hierro del siglo pasado y principios de éste. Desde este punto, situado en la Glorieta de San Vicente, se puede acceder a la **Casa de Campo** y a los **jardines del Campo del Moro**, a los pies del **palacio Real**. En estos jardines, hoy públicos, se encuentra el **Museo de Carrozas**.

Rosales

Si nos situamos de nuevo junto al funicular, subimos hasta Rosales. A lo largo del paseo, sobre el parque del Oeste, hay unas deliciosas terrazas, muy frecuentadas durante el buen tiempo, con unas magníficas vistas sobre los jardines y la Casa de Campo. A la derecha, al final de este paseo, se encuentra el Templo de Debod.

Uno de los accesos típicos a la Casa de Campo es el viaje en teleférico. Sale de La Rosaleda, en el parque del Oeste y su trayecto resulta un agradable paseo.

Arriba, ruidosos y alborotadores, los pingüinos del Zoo de Madrid son una gran atracción para los más pequeños por sus deliciosos movimientos torpes.

Itinerario Cuarto

Templo de Debod, situado al final del paseo que conduce al cotizado barrio madrileño de Rosales, data del siglo IV a.C. Dedicado al dios egipcio Amón, fue un regalo del Gobierno de Egipto a España en agradecimiento por la colaboración española para salvar los monumentos de Assuán. Su interior conserva algunos relieves.

Templo de Debod. Horario: de 10 a 13 y de 16 a 19.
Este templo, que data del siglo IV antes de Cristo, fue trasladado aquí en 1970, regalado por el gobierno egipcio como muestra de agradecimiento por la ayuda prestada por los arqueólogos españoles en el salvamento de los monumentos afectados por la construcción de la presa de Assuan, en el valle de Nubia. El templo está dedicado a Amón y fue construido en el reinado del faraón Azakheramón. Conserva en su interior algunos relieves. En la fachada posterior hay otros relieves del siglo I d. C.

Montaña del Príncipe Pío

Aquí estuvo, primero, el palacio del príncipe Pío de Saboya y, posteriormente, el famoso **cuartel de la Montaña**, asaltado y destruido al comienzo de la guerra civil, al sumarse su guarnición a la sublevación contra la República. Aquí tuvieron lugar Los *fusilamientos de la Moncloa*, que inmortalizara Goya.

Cruzando la calle Ferraz, se entra en la calle Ventura Rodríguez, donde visitaremos un interesante museo, de aire decimonónico.

Museo Cerralbo.

Ventura Rodríguez, 17. Horario: de 10 a 15. Cerrado lunes, festivos y agosto.

El edificio data de finales del siglo XIX. Perteneció al marqués de Cerralbo, que lo donó al Estado en 1922, junto con los tesoros que encerraba. Lo más valioso es sin duda la magnífica colección de pintura, en la que destacan las obras de Tiziano, El Greco, Ribera, Zurbarán, Van Dyk y Tintoretto.

Itinerario Quinto
LA RUTA DE LOS MUSEOS

En esta ruta mostraremos el Madrid más elegante. Pero no se trata de una elegancia ajena, sino de la propia ciudad: la Cibeles, el paseo del Prado y el Retiro nos hablan de una urbanización refinada, salpicada de magníficos edificios que testimonian lo mejor de la obra de Carlos III. Y también es una ruta cultural por excelencia, con el Prado como cabeza de este conjunto de museos reunidos en este magnífico espacio madrileño.

La Cibeles

La fuente de la Cibeles, que quería simbolizar la Tierra, es hoy, ante todo, el símbolo de Madrid y una de sus señas de identidad más características. *Saluda a La Cibeles de mi parte*, se le dice al que se va a la capital desde *provincias*. Diseñada por Ventura Rodríguez, fue mandada construir por Carlos III, dentro del programa de remodelación del madrileñísimo paseo del Prado. Trabajada en piedra de Colmenar de Oreja, fue esculpida por Roberto Michel y Francisco Gutiérrez.

Paseo del Prado.

La Cibeles, diosa mitológica de la Tierra, cabalga eternamente en su carro de la fuente de la plaza homónima.

La plaza de la Cibeles. Enclavada en el cruce de la calle Alcalá –que la atraviesa– con los paseos del Prado y de Recoletos, la plaza de la Cibeles es uno de los es-

Itinerario Quinto

Leyenda del palacio de Linares

Pocos edificios han estimulado tanto la imaginación popular como este bello palacio decimonónico que da a Alcalá, Cibeles y Recoletos. Ha permanecido cerrado durante décadas. Se dice que por un amor imposible. Se habla de una boda principesca e, inmediatamente, de cómo fue cerrado, para no abrirse nunca, sin que en ningún momento pudiera servir de nido de amor, objeto para el que había sido construido. Después sólo fue habitado por fantasmas, que recorrían sus lujosas habitaciones.

Palacio de Comunicaciones, uno de los monumentales edificios que enmarcan la plaza de La Cibeles. El buen humor de los madrileños lo rebautizó como Nuestra Señora de las Comunicaciones, por su aspecto de catedral.

pacios más característicos de la ciudad, flanqueada por edificios tan significativos como el **palacio de Comunicaciones**, obra de Antonio Palacios, concluida en 1919, y a la que, por su aspecto catedralicio, los madrileños llamaron humorísticamente *Nuestra Señora de las Comunicaciones*; **el Banco de España**, edificio de finales del siglo pasado –Alfonso XII colocó la primera piedra en 1884–, que guarda en su interior varios cuadros de Goya, aunque no es fácil verlos, y el **palacio de Buenavista**, hoy Ministerio de Defensa, un palacio del siglo XVIII encargado por Cayetana de Alba, la misma que inmortalizara Goya. El palacio lo compró el Ayuntamiento en 1807 para regalárselo a Godoy, que no lo disfrutó por culpa de la guerra y el exilio. En 1847 acogió la sede del Ministerio de la Guerra. Finalmente, **el palacio de Linares**, bello edificio de finales del XIX, que se ha mantenido casi siempre cerrado, lo que ha dado pie a que la fantasía popular construyera una misteriosa leyenda en torno suyo.

El paseo del Prado

El paseo del Prado fue lugar habitual de paseos de los madrileños ya en el siglo XVII. Era una alameda por donde corría un arroyuelo maloliente, que daba pie a mil historias recogidas por lo mejor de la literatura picaresca de la época. Por aquí se paseaban los petimetres recién llegados a la Corte en busca de fortuna, las damas cortejadas de galanes, los caballeros cortesanos, los pícaros y un largo etcétera del Madrid de entonces. Dicen que lo puso de moda el duque de Lerma, al construirse un palacio en lo que ahora es el Hotel Palace. Siguiendo al de Lerma, la alta nobleza fue levantando palacios en este lado de la ciudad, que todavía

La ruta de los museos

Paseo del Prado. Su elegancia y exquisitez forman parte de la prosapia que supo darle la nobleza cuando construyó sus palacios sobre él. El trazado actual fue ordenado por Carlos III y en sus alrededores creció así uno de los distinguidos barrios de Madrid.

tomó más realce cuando se erigió el palacio del Buen Retiro, que los madrileños llamaron *el Gallinero*, en el centro de esta vaguada. Y así siguió hasta el siglo XVIII, cuando Carlos III quiso abrir un digno paseo que enlazara la residencia real con la ciudad.

Encargó el proyecto de urbanización al ingeniero Hermosilla. Se cubrió el entonces pestilente arroyo y se ajardinó el tramo conocido como **el Salón del Prado**, que va desde Cibeles hasta la fuente de Neptuno.

La fuente de Apolo. En el mismo Salón del Prado se encuentra la fuente de Apolo, diseñada como todas las demás por Ventura Rodríguez. En la base están representadas las cuatro estaciones. La figura de Apolo es un retrato del mismo Carlos III como protector de las artes y las letras.

En la acera de la izquierda, a continuación del palacio de Comunicaciones, se encuentra el **Cuartel General de la Armada**, donde contrasta el edificio decimonónico con la moderna ampliación que le sigue. En su interior se encuentra el **Museo Naval**.

Museo Naval. Horario: de 10.30 a 13.30. Cerrado lunes y festivos.

La joya por excelencia de este museo es el **mapa de Juan de la Cosa**, primero que se hizo de América. En la sala dedicada a la batalla de Lepanto puede verse la espada de don Juan de Austria o el estuche náutico de Felipe II. Están también los diseños originales que se mostraron a Carlos III para que eligiese la bandera española. Hay además pertenencias de marinos ilustres, mascarones, uniformes y magníficas

El paseo del Prado

*Llego a Madrid y no conozco el Prado,
y no lo desconozco por olvido
sino porque me consta que es pisado
por muchos que debiera ser pacido.*

Villamediana

Itinerario Quinto

Edificio del Hotel Ritz, con el inconfundible sello de sobriedad y elegancia que caracteriza esta cadena hotelera. Situado sobre el paseo del Prado, se halla casi junto al Museo del Prado.

maquetas de barcos, entre otros muchos elementos marinos.

Plaza de la Lealtad. Siguiendo por la misma acera encontramos enseguida el **edificio** neoclásico de **la Bolsa**, que, con el **Hotel Ritz**, configura la **plaza de la Lealtad**, donde se alza el **obelisco** en memoria de los mártires del 2 de mayo. Este fue uno de los lugares donde las tropas francesas fusilaron a los patriotas madrileños. Sus cenizas, así como las de los defensores del cuartel de Monteleón, se guardan en la urna de piedra situada en la base del monumento.

▪ **La fuente de Neptuno.** La plaza de Cánovas del Castillo, donde se alza la fuente de Neptuno, cierra el Salón del Prado. El **Hotel Palace** es uno de los edificios más característicos de esta plaza. En su solar estuvo el palacio del duque de Lerma, que dio vida al paseo. En ese palacio, luego propiedad de los duques de Medinaceli, estuvo preso don Francisco de Quevedo.

▪ Frente a él se encuentra el **palacio de Villahermosa**, magnífica construcción neoclásica, que hoy pertenece al Museo del Prado y está destinada a guardar la valiosa colección Thyssen de pintura.

Un Prado ilustrado. El espíritu de la Ilustración llevó a Carlos III a concebir en el segundo tramo del Prado –que entonces se llamaba de Atocha o de los Jerónimos– un espacio destinado a las ciencias. Comprendía un Museo de Ciencias Naturales –el actual del Prado–, el Jardín Botánico y, más alejado, el Observatorio Astronómico. Igual que las fuentes del Salón del Prado, todos los proyectos fueron encargados a Juan de Villanueva.

La ruta de los museos

🛈 El Museo del Prado
Horario: de 9 a 19 h. Domingos y festivos de 9 a 14. Cerrado lunes.

El edificio de Juan de Villanueva, destinado en principio a Museo de Ciencias Naturales, se convirtió a partir de 1814 en la sede del Museo Nacional de Pinturas, por una orden de Fernando VII. El 4 de febrero de 1819 el rey visitó oficialmente el museo, y se abrió al público quince días más tarde. Se expusieron 311 pinturas, colección que pronto se enriqueció con los *desnudos* reunidos por Carlos V, Felipe II y Felipe IV, que se guardaban en habitaciones cerradas en la Academia de San Fernando, y entre los que destacan obras maestras de Tiziano y Rubens.

Curiosamente, el mayor peligro que ha corrido este museo se debió al testamento de su fundador, ya que a su muerte, en 1833, designaba como propietarias de las obras a sus dos hijas. A fin de evitar la dispersión del fondo, fue preciso indemnizar a la hermana de Isabel II. En 1865 se incluye el museo entre los bienes del Patrimonio de la Corona, ya con el nombre de Museo del Prado. En 1872 se enriquece con los fondos del Museo de la Trinidad, formado con obras de los conventos y monasterios desamortizados, que se incorporan a las colecciones reales, hasta entonces principales fuentes del museo. Y entre finales del XIX y principios del XX siguieron incrementándose con donaciones de nobles, como las de la duquesa de Pastrana, que cedió 214 pinturas.

Estuvo cerrado durante la última guerra civil. Las colecciones fueron trasladadas primero a Valencia y luego a Suiza, de donde regresaron al comienzo de la

Edificio neoclásico de la Bolsa de Comercio madrileña, que junto con el Hotel Ritz conforman la plaza de la Lealtad.

Fuente de Apolo, en la plaza de Cánovas del Castillo.

Itinerario Quinto

El orgulloso autorretrato de Durero

«Es tal vez el primer autorretrato independiente de la historia. Es, en cierto sentido, un desafío al mundo en general, que reclama para el artista la consideración (...), en palabras del propio Durero, de "gentiluomo". (...) Esa reclamación (...) sólo la podía formular el artista que había llegado a ser consciente de su propia condición (...). En la actitud de Durero hay sin duda un elemento de vanidad y orgullo, muy natural en un artista que a los veintiséis años se había granjeado ya la confianza de grandes hombres y había ganado fama internacional.»

Vida y Arte de Alberto Durero
Erwin Panofsky

Entrada al Museo del Prado, presidida por una estatua de Velázquez. Es una de las mayores pinacotecas del mundo, que guarda verdaderas joyas de la historia de la pintura.

guerra mundial. En 1941, junto a otras obras –entre ellas la Dama de Elche, que luego pasó al Museo Arqueológico–, se incorporó la colección de estatuas antiguas de Mariano de Zayas. Joyas pictóricas como la *Inmaculada de Soult*, de Murillo, el *Retrato del duque de Lerma*, de Rubens, o la colección de primitivos españoles e italianos que se añadieron después de la guerra. Otras dependencias han ido completando el Museo del Prado, como el ya citado palacio de Villanueva o el Casón del Buen Retiro, del que luego hablaremos.

Sugerencias. ¿Qué hay que ver en el Prado? La pregunta produce vértigo: aquí está lo mejor de Goya, Velázquez, Murillo, Ribera, Zurbarán, El Greco, Rubens, Van der Weyden, El Bosco... Obras únicas de Tiziano, Tintoretto, Durero, Rembrandt, Brueghel, Botticelli, Van Eyck, Rafael, Teniers, Van Dyck, Tiépolo... La historia de la pintura desde el románico –con los maestros de Berlanga y Maderuelo– hasta el genio indiscutible de Goya, pasando por lo mejor de la pintura mundial, hasta el siglo XIX.

De los grandes flamencos es obligado contemplar *El jardín de las Delicias*, del Bosco, el grandioso *Descendimiento* de Van der Weyden o el *Triunfo de la Muerte*, de Brueghel. El *Autorretrato*, de Durero, dentro de la escuela alemana, y del Quattrocento italiano, la maravillosa *Anunciación* de Fra Angelico o las inigualables tablas de la serie *La historia de Bastaglio degli Onesti*, de Botticelli.

Del más grandioso Renacimiento italiano, *La bacanal* o *El emperador Carlos V en Mülhberg*, o *Danae recibiendo la lluvia de oro*, todos ellos de Tiziano; *La Sa-*

La ruta de los museos

Detalle de la pintura El jardín de las delicias, *obra del pintor flamenco conocido como El Bosco, que se exhibe en el Museo del Prado.*

grada Familia y el maravilloso cuadro de *El cardenal*, de Rafael; o el sugestivo lienzo de Tintoretto *La dama que descubre el seno*.

Del Barroco, el gran precursor del *tenebrismo*, Caravaggio, y su *David vencedor de Goliat*. Luego, la apoteosis de Rubens con sus *Tres Gracias*. De la escuela española, un Ribera, *El martirio de San Bartolomé*; un Murillo, *La Inmaculada de Soult*; un Zurbarán, *La visión de san Pedro Nolasco*. En cualquier caso, es cuestión de gustos.

Pero luego, aunque sólo sea por mero deleite, aunque sólo sea por verlos, al margen ya de las escuelas, hay que admirar los Greco, los Velázquez y los Goya. Un consejo: aunque sólo se pase ante ellos, la sensación es inolvidable.

No se debe olvidar que, al margen de las pinturas, el Prado cuenta con una importante colección de esculturas grecorromanas. En la rotonda de la planta principal sobresale también la impresionante estatua en bronce de *Carlos V dominando el furor turco*, de Pompeo Leoni.

8 El Tesoro del Delfín. Ahora también puede visitarse, en los sótanos del museo, el inigualable Tesoro del Delfín, impresionante colección de piezas únicas de orfebrería, heredadas por Felipe V de su padre, el Gran Delfín de Francia, y que desde entonces pertenecieron a la Corona española. Es, indudablemente, una de las mejores colecciones del mundo de este tipo,

El jardín de las delicias

Se ha sugerido que El Bosco pertenecía a una secta adamita, *los Hermanos del Espíritu Libre*, que consideraba la libertad sexual como una vía de salvación de las almas. Era el infierno un estado de purificación, mientras que el matrimonio y los vestidos eran fruto del pecado. Por ello, frente a la interpretación tradicional de considerar este tríptico como la representación de la *Creación, el Mundo pecador y el Infierno*, hay quien opina que la tabla de la izquierda sí representa la Creación. Pero la de la derecha sería la de la Purificación y la central, la del *Milenio*; estado ideal en el que sólo existe el placer, pero sin pecado, según los adamitas.

Itinerario Quinto

Feria permanente del libro, en la recoleta cuesta de Moyano, a un costado del Jardín Botánico. En ella se venden libros antiguos y nuevos.

Arriba, paseo del Jardín Botánico, otra de las ilustres obras creada por Carlos III y ejecutada por el arquitecto real Juan de Villanueva.

si no la mejor. Las piezas corresponden en su mayor parte al Renacimiento y al Barroco.

Frente al Prado, y en la otra acera del paseo, se encuentra el monstruoso edificio del Ministerio de Sanidad –aquí estuvo durante el anterior régimen la sede de los sindicatos *verticales*–, y en la misma acera del museo, después de la **plaza de Murillo**, se encuentra otra de las ilustradas creaciones de Carlos III.

El Jardín Botánico
Horario: de 10 a 20 h.

Se llamaba esta zona en 1781, cuando se construyó el Jardín Botánico, las Huertas del Prado Viejo. Como la mayor parte de este paseo, el aspecto arquitectónico del proyecto fue encargado a Juan de Villanueva. Rodeado por una verja de hierro elaborada en Tolosa, cuenta con dos puertas. La del Rey da al mismo paseo; la segunda, a la plazoleta de Murillo, frente al Prado, y hoy sirve de acceso a las visitas.

Se organizaron importantes expediciones a todo el mundo con el fin de conseguir especies raras y semillas. Su variedad y riqueza fue tan grande, que ya a principios del siglo XIX se exportaban desde aquí semillas a las principales ciudades de Europa.

Además de las colecciones de plantas, perfectamente clasificadas según diversos criterios, se puede visitar el pabellón construido por Villanueva. Cuenta, entre otras cosas, con una importante biblioteca, con 10.000 títulos y un herbario con 500.000 pliegos. En la colección destacan, además de los manuscritos de los siglos XV al XVIII, las 6.000 láminas de la expedición que realizó el botánico Mutis a Nueva Granada en 1782.

La ruta de los museos

De nuevo en el paseo del Prado, seguimos bajando, y ya al terminar se encuentra, a la izquierda, uno de los rincones más deliciosos de Madrid.

La cuesta de Moyano. Es parada obligada de los bibliófilos y de los amantes de los libros en general. Aquí, apoyadas en la verja del Jardín Botánico, una larga fila de casetas de madera se dedican a la venta del libro de ocasión. Se pueden encontrar desde saldos hasta una edición rara, pasando por libros antiguos y nuevos.

Atocha. Concluye el paseo del Prado en la plaza del Emperador Carlos V, aunque popularmente siempre se la ha conocido como Atocha. A la izquierda se encuentra el **Ministerio de Agricultura**, imponente edificio construido en 1893 por Ricardo Velázquez, en el que destacan las cariátides del pórtico, la columnata del cuerpo superior y el conjunto escultórico de bronce que remata el frontón.

La estación. El 9 de febrero de 1851, a las 12 del mediodía, Isabel II tomaba aquel tren que inauguraba la línea Madrid-Aranjuez, que luego se llamaría **el Tren de la Fresa**. Todos los fines de semana sigue uniendo la capital con el Real Sitio. Desde aquel momento, la Puerta de Atocha, hoy Glorieta de Carlos V, estaba destinada a convertirse en uno de los centros de más movimiento de Madrid. El continuo trajín de viajeros dio pie a que se abrieran innumerables tascas, bares de bocadillos y fritangas y pensiones que han convertido este espacio en uno de los más animados y populares de la capital.

La nueva estación ferroviaria de Atocha. Coronada por una gran cúpula, es moderna y cosmopolita.

Edificio del Ministerio de Agricultura. Data de 1893 y está rematado con un grupo escultórico en bronce.

Itinerario Quinto

Panteón de Hombres Ilustres, que acoge a las figuras relevantes del siglo XIX. Los mausoleos, de arquitectura algo aparatosa, son obra de Benlliure, Querol y Estany.

Arriba, un tejedor entramando los hilos de su telar, en la Real Fábrica de Tapices fundada por Felipe V en 1721. Aún se utilizan antiguos telares flamencos.

El edificio de la gran **estación de Atocha** fue inaugurado en 1892. La realización se debe a Alberto Palacio y es uno de los mejores exponentes de la arquitectura de hierro de España.

Junto a Atocha, en la calle Santa Isabel, 52, y haciendo esquina con la glorieta, se encuentra el **Centro de Arte Reina Sofía**, instalado en el edificio del antiguo **hospital de San Carlos**. La obra data de 1781, y fue realizada por el arquitecto Sabatini por encargo de Carlos III.

Desde Atocha, bajando por la avenida de la Ciudad de Barcelona, a muy poca distancia se encuentran tres monumentos de gran interés.

Nuestra Señora de Atocha. Cuenta la tradición que entre los *atochales* de esta zona, un caballero llamado Gracián Ramírez encontró, allá por el siglo VIII, una figura de la Virgen. Le levantó una ermita, lo que enojó a los moros, que le presentaron batalla. Antes de entrar en combate, el bueno de Gracián, temiendo salir mal parado, tuvo el gesto caritativo de degollar a su mujer y su hija, para evitar que fueran deshonradas. El cielo, en primera instancia, no le acompañó y, en vez de la palma del martirio, le dio la victoria sobre los infieles. Desconsolado, volvió donde yacían las degolladas. Pero, para su sorpresa, las encontró vivas, rezando en la ermita, y sólo con las huellas que el cuchillo había dejado en sus gargantas.

Desde la Edad Media contó esta ermita con gran devoción entre el pueblo y, especialmente, en la Corte: aquí acudían los monarcas al menos una vez a la semana a rezar la Salve y a orar cada vez que se disponían a emprender un viaje. En este convento se casó también Alfonso XII con María de las Mercedes. El antiguo edificio fue sustituido por el actual a principios de este siglo.

Real Fábrica de Tapices. Horario: de 9.30 a 12.30. Cerrado sábados, domingos y agosto.

A un paso de Nuestra Señora de Atocha, en la calle Fuenterrabía, se encuentra esta Real Fábrica de Tapices, fundada por Felipe V en 1721, en la que desde entonces colaboraron pintores de la talla de Mengs, Bayeu y, sobre todo, Francisco de Goya.

La Real Fábrica –que hoy es privada– diversifica su actividad en la restauración y en la creación de nuevos tapices. Sigue utilizando telares flamencos antiguos.

Panteón de Hombres Ilustres. Horario: de 9.30 a 13.30. Cerrado sábados, domingos y festivos.

En este edificio se encuentran las tumbas de Cánovas del Castillo, Eduardo Dato, Sagasta, Ríos Rosas... Estaba destinado a acoger a todas las figuras relevantes de la historia española, pero hoy sólo alberga alguna figura puntera del siglo XIX. Los aparatosos panteones son obra de los Benlliure, Querol y Estany. Como anécdota, cabe destacar la figura del hombre que simboliza al pueblo en el mausoleo de Sagasta. El escultor lo calzó con alpargatas, detalle que indignó a los cronistas de la época por considerarlo de pésimo gusto.

La ruta de los museos

Regresamos hacia Atocha por el paseo de la Reina Cristina, al que le sigue el de la infanta Isabel. En la esquina con Alfonso XII se encuentra el Museo Etnológico.

Museo Nacional de Etnología. Horario: de 10 a 18. Domingos de 10 a 14. Cerrado lunes y festivos.

Entre las diversas colecciones de útiles de diferentes culturas, destaca la gran muestra de **momias**, especialmente guanches, huacas y egipcias. El museo fue creado por Pedro González Velasco en 1875, que aportó su gran colección, que luego se enriqueció con los productos de diversas expediciones realizadas, sobre todo, en la segunda mitad del siglo XIX.

Subimos ahora por Alfonso XII. En el número 62 se encuentra la casa que Ramón y Cajal mandó construir con el importe del premio Nobel. Desde aquí subiremos al **cerro de San Blas** para visitar el Observatorio Astronómico, que se levantó sobre la antigua ermita que remataba este cerrillo, desde donde se puede contemplar una magnífica vista de Madrid y, especialmente, del **parque del Retiro**.

Observatorio astronómico. El proyecto, de Juan de Villanueva, formaba parte del programa ilustrado que llevó a cabo en gran parte Carlos III. Sin embargo, el edificio no se hizo realidad hasta 1790, ya en tiempos de Carlos IV.

El edificio en sí es una verdadera joya del neoclasicismo. En su interior se conservan antiguos instrumentos relacionados, especialmente, con la astronomía. A partir de 1875, se comunicaba desde aquí la hora

Poco a poco, las figuras de los tapices de la Real Fábrica van tomando forma. El pintor que más colaboró con sus cartones para la confección de los tapices fue sin duda Francisco de Goya.

La leyenda del doctor Velasco

El doctor Velasco, fundador del Museo Etnológico, fue, además de un gran científico, el protagonista de una de las leyendas románticas más sobrecogedoras del Madrid de finales del siglo pasado: tenía este médico una hija, prometida con su ayudante, el doctor Muñoz. Iban a casarse y ya habían comprado el vestido de novia. Pero la hija, que la leyenda dibuja como *una flor delicada*, murió antes, aquejada del mal romántico por excelencia: la tuberculosis. Pero ni el padre ni el novio se resignaron a perderla. La embalsamaron y la vistieron con el traje nupcial. A la hora de cenar, le ponían cubiertos, la sacaban del armario, donde estaba guardada, y la colocaban a la mesa. O la sacaban a pasear en calesa, en medio de los dos, en los atardeceres madrileños, ante la perplejidad de los vecinos.

Itinerario Quinto

Portal principal de la iglesia de los Jerónimos, precedida por una aristocrática escalinata. Al cobijo de este templo juraron los príncipes de la dinastía de los Austria y se celebraron las bodas de Alfonso XIII con Victoria de Battenberg.

exacta, mediante un sistema eléctrico, al reloj de la Puerta del Sol.

Calle Alfonso XII

Seguiremos por la calle Alfonso XII. Queda a la derecha la verja del parque del Retiro. A la izquierda, entre esta calle y el paseo del Prado, en los aledaños del Museo del Prado, se encuentra todavía uno de los conjuntos monumentales más importantes de Madrid. **El Barrio Griego** lo llamó Fernando Chueca, por lo que tiene de acrópolis. Antes se conocía como **Huerta de los Jerónimos** y antes aún, **Altos del Prado**.

🔵 **Los Jerónimos.** En esta iglesia juraron todos los príncipes de Asturias desde Felipe II, que lo hizo en 1528, hasta Isabel II, en 1833. Aquí se casó Alfonso XIII con Victoria de Battenberg y tuvo lugar el acto de proclamación de Juan Carlos I. El convento de San Jerónimo el Real fue fundado por Enrique IV en el siglo XV. Estuvo a orillas del Manzanares, hasta que en 1502 fue trasladado a este lugar por los Reyes Católicos. Aquí convocó Cortes Fernando el Católico en 1510. Durante la guerra de la Independencia el convento sufrió graves destrozos a manos de las tropas francesas. Su restauración se llevó a cabo imitando el estilo de los Reyes Católicos. Adosados a la iglesia quedan todavía los restos de un claustro de principios del siglo XVII.

🔵 **Real Academia Española.** Fue fundada por Felipe V en 1713, a instancias de Fernando Pacheco, marqués de Villena. Su *crisol puesto al fuego* conoció varios locales, hasta que su lema *Limpia, fija y da esplendor* se asentó, definitivamente, en este edificio de

La ruta de los museos

líneas marcadamente griegas, construido exprofeso en 1891 por Miguel Aguado de la Sierra.

Los primeros cinco tomos del primer diccionario de la Real Academia Española vieron la luz entre 1726 y 1739. La institución contaba en un principio con 24 académicos. Hoy el número ha ascendido a 39 numerarios, a los que hay que añadir los corresponsales, que residen en provincias y en países extranjeros.

- **El Casón del Buen Retiro.** Horario: de 9 a 19. Domingos y festivos de 9 a 14. Lunes, cerrado.

Este edificio fue construido en 1637 por Alonso de Carbonell como pabellón de fiestas anexo al palacio del Buen Retiro, al que estaba unido por un pasadizo cubierto. Sus dos fachadas principales fueron añadidas en el siglo XIX. Lo mismo que el palacio de Villahermosa, hoy es un anexo del Museo del Prado. Desde 1971 alberga la sede de la **Sección de Arte Español del siglo XIX.** Aquí se encuentran obras de Vicente López –sucesor de Goya como pintor de cámara del rey– y de su hijo Bernardo, así como de los discípulos del pintor aragonés, Eugenio Lucas y Leonardo Alenza. Del hermano de Gustavo Adolfo Bécquer, Domingo, y de Madrazo, Eduardo Rosales o los maestros de la pintura histórica como Lorenzo Vallés, Dióscoro Teófilo de la Puebla o Carlos Luis de Ribera. Mariano Fortuny, Santiago Rusiñol y Joaquín Sorolla cierran esta serie, junto a un **Juan Gris** que está aquí porque fue donado expresamente al Prado.

- **El *Guernica*.** Desde 1981, la que es probablemente la pintura más famosa del siglo XX se encuentra en el Salón de Baile de este Casón, bajo los frescos de la alegoría del Toisón de Oro, que Lucas Jordán pintara en

Real Academia Española. Fundada por Felipe V en 1713.

Monumento a María Cristina de Borbón. Al fondo, el Casón del Buen Retiro, anexo del Museo del Prado, exhibe el Guernica *de Picasso.*

Itinerario Quinto

Interior del Museo del Ejército. Entre sus armas antiguas y modernas se puede ver la tizona del Cid y el sable de Napoleón, entre otras.

Sala con elementos mudéjares del Museo del Ejército. El museo tiene una de las colecciones de armas ligeras más completa del mundo.

el siglo XVII. El *Guernica* fue ejecutado por Pablo Picasso en 1937, para el pabellón español de la Exposición Internacional de París, por encargo del gobierno de la República. Poco después, ante la situación política de España y el inicio de la segunda guerra mundial, el pintor depositó el cuadro en el Museo de Arte Moderno de Nueva York, en espera de que pudiera ser entregado al pueblo español. Con él llegaron sus estudios preliminares y los trabajos que el pintor hiciera después sobre él. Todos pueden contemplarse también hoy en el Casón. El *Guernica* es una obra capital de la historia de la pintura, tanto por significar la cumbre del cubismo y del mismo Picasso, como por su impresionante carga simbólica.

Museo del Ejército. Méndez Núñez, 1. Horario: de 10 a 14 horas, cerrado lunes.

Este edificio es, con el Casón del Buen Retiro, todo lo que se conserva del **palacio del Buen Retiro**, construido a partir de 1630 por Alfonso Carbonell, a instancias del conde-duque de Olivares, que regaló a Felipe IV la finca en que se construyó la residencia real y los jardines. El conjunto del palacio fue derruido tras la Revolución de 1868, que derrocó a Isabel II. El edificio había sufrido graves daños durante la guerra de la independencia. El ala conservada, que corresponde al **salón de los Reinos**, era la más importante de este palacio.

En el museo se pueden ver piezas antiguas y modernas de artillería, instaladas en la explanada de entrada, y una de las mejores colecciones de armas ligeras del mundo, junto a armas y pertenencias de personajes clave de la historia de España: la armadura del Gran Capitán, la Tizona del Cid, el sable de Napoleón, un cañón de mano de Hernán Cortés, la bandera que llevó Pizarro en Perú, el fragmento de la que ondeó en la batalla de Lepanto, la de Bailén y las de los sitios de Gerona y Zaragoza; un cañón que sacó el pueblo madrileño el 2 de mayo de 1808 contra los franceses; cartas de Boabdil, Napoleón o los Reyes Católicos; recuerdos de Zumalacárregui y de las guerras carlistas o de la última guerra civil; la tienda de campaña de Carlos V y los vehículos en que viajaban Prim, Eduardo Dato y Carrero Blanco cuando perecieron en atentado.

Bajando por Felipe IV, tomamos la calle Ruiz de Alarcón, hacia la derecha. En el número 12 vivió hasta su muerte el novelista Pío Baroja. Tomamos al final la calle Montalbán. En su confluencia con Alfonso XII nos encontramos con el último museo de este recorrido.

Museo de Artes Decorativas. Se exhiben cerámicas de todas las regiones españolas y cueros policromados (ss. XVI al XIX), una capilla de los siglos XV y XVI, y vidrios fenicios, romanos, visigodos, catalanes y de La Granja, salones a partir del período gótico decorados con muebles de sus respectivas épocas, etc.

Regresaremos a la altura del Casón del Buen Retiro, para entrar en el parque del Retiro.

El parque del Retiro

Elegimos la **puerta de Felipe IV** para entrar en el parque, porque es la más antigua de todas las que ro-

La ruta de los museos

dean este magnífico jardín madrileño. Consiste en un arco barroco, en realidad erigido para conmemorar la entrada en Madrid de doña Mariana de Noeburgo, esposa de Carlos II, y luego trasladado aquí. Tras ella se encuentran los dieciochescos **jardines del Parterre**, escenario de las libidinosas andanzas de Luisa Isabel de Orleans esposa de Luis I.

El origen inmediato de este parque fueron los jardines del palacio del Buen Retiro, que se inauguraron el 1 de octubre de 1632 con el primero de una gran serie de festejos, que fue recogido por Lope de Vega en su *Vega del Parnaso*. El fasto, realmente, duró lo que el reinado de Felipe IV. Carlos II regresó con la Corte al Alcázar, que sólo volvió al palacio del Buen Retiro durante los reinados de Felipe V y Fernando VI, mientras se construía el nuevo palacio real.

Los sucesivos reyes construyeron en los jardines ermitas, escenarios teatrales y edificios de juego. Lo más sobresaliente fue sin duda la **Real Fábrica de Porcelana**, debida a Carlos III, que fue destruida por las tropas francesas en la guerra de la Independencia. Durante ese período bélico el parque sufrió graves daños, que fueron en gran parte reparados durante los reinados de Fernando VII e Isabel II. Finalmente, tras la Revolución de 1868, el parque pasó a ser propiedad municipal.

Arriba, palacio de Cristal, en el parque del Retiro. Sobre estas líneas, las aves deslizan su aristocrática silueta por el estanque del parque.

El Retiro hoy. Cuenta este parque con 120 hectáreas de terreno, que son un verdadero pulmón dentro de la ciudad. El recinto se anima de un modo especial los domingos por la mañana, cuando coinciden en la zona central, un sinnúmero de actuaciones. Además, en primavera se celebra la Feria del Libro, y continuamente

Fuente en la rosaleda del parque del Retiro. La belleza del Retiro, como le llaman los madrileños, tiene la particularidad de renovarse en cada estación del año.

se suceden exposiciones en el Palacio de Cristal y en el de Velázquez.

El lugar más frecuentado es **el Estanque**, verdadera alma del parque, donde se puede disfrutar de deliciosos paseos en barca –que emulan las fiestas navales que se organizaban en la época de Felipe IV–, mientras sus animadísimos alrededores son siempre un escaparate vivo de gentes y actividades, con deliciosas terrazas. Aquí todavía puede verse ejercer oficios que son verdaderas reliquias, como el de los **barquilleros**. En uno de sus lados se erige el conjunto escultórico dedicado a Alfonso XII, cuya estatua es obra de Benlliure.

El **Palacio de Cristal** próximo al bello edificio del **de Velázquez**, se encuentra en uno de los rincones más deliciosos de este parque. Es obra de Ricardo Velázquez, que lo proyectó a fines del siglo XIX, y es uno de los mejores exponentes de la arquitectura de hierro en España. Frente a él se encuentra un pequeño estanque, con patos y cisnes.

La **Glorieta del Ángel Caído** tiene el atractivo especial de albergar la única estatua en el mundo dedicada al demonio. Desde aquí se puede acceder al **cerrillo de San Blas**, donde se encuentra el **Observatorio Astronómico**, que ya se ha descrito en esta ruta.

En el extremo opuesto del parque, hacia donde podremos ir paseando o en coche de caballos por el **paseo de los Carros**, se encuentra la **Montaña Artificial**, hasta donde se trasladó la **ermita románica de San Isidro de Ávila**.

Salimos del Retiro por la calle de Alcalá. Enfrente se encuentra la **iglesia** neobizantina **de San Miguel y San Benito**, construida en 1911, según el proyecto de Fernando Arbós. A la derecha se alza el conjunto neomudéjar de las **escuelas Aguirre**, de 1886.

El barrio de Salamanca

El de Salamanca es el barrio burgués por excelencia. Fue proyectado a partir de 1860, tras la aprobación del ensanche diseñado por el ingeniero Carlos María Castro. Se debe su nombre al de su promotor, don José Salamanca y Mayol, influyente hombre de negocios, ennoblecido en 1866 por Isabel II con los títulos de marqués de Salamanca y conde de los Llanos.

Esta cuadrícula de calles responde al espíritu urbanizador tan en boga en aquellos años. Hoy sigue siendo un barrio eminentemente burgués. Aquí se encuentran los comercios más lujosos de la ciudad, especialmente en la zona de la **calle Serrano**. A la altura del metro Goya existe otra área comercial, propiciada por la existencia de grandes almacenes. Y en la confluencia de Goya con Alcalá se encuentra una de las cervecerías con más solera de Madrid, la Cruz Blanca.

Dos referentes significativos del barrio son los colegios de Nuestra Señora de Loreto, **las Ursulinas**, bello edificio neomudéjar, situado en Príncipe de Vergara, enfrente del no menos aristocrático **colegio del Pilar**.

En el aspecto cultural hay que reseñar el **Museo de la Fábrica Nacional de Moneda y Timbre**, en Doctor Esquerdo, 36; la **Fundación March**, en la esquina de Padilla y Castelló y, sobre todo, el magnífico Museo Lázaro Galdiano.

Museo Lázaro Galdiano. Serrano, 122. Horario: de 10 a 14. Cerrado lunes, festivos y agosto.

En el palacete Parque Florido, donde vivió el gran coleccionista Lázaro Galdiano, se encuentra instalado este museo, uno de los más maravillosos de Madrid y de toda España. Exhibe obras de arte que aquel navarro donó al Estado español en 1948, año de su muerte. El primer director de este museo, fundado en 1951, fue otro gran coleccionista: el aragonés José Camón Aznar.

Orfebrería, esmaltes, joyas, abanicos, ropas y telas, objetos de cristal de roca, armaduras, armas y esculturas podrían formar ya, por sí solos, una extraordinaria colección. Pero es que además cuenta con impresionantes pinturas, entre las que figuran obras de autores tan universales como Leonardo da Vinci, El Bosco, Cranach, Murillo, Carreño de Miranda, Rembrandt, Van Dyck, Teniers, Zurbarán, El Greco, Velázquez –el conocidísimo retrato de Góngora–, Ribera, Turner, Tiépolo, Goya...

Fundación Juan March. Creada en 1955 por este financiero mallorquín, otorga ayudas para la investigación y concede becas anualmente.

Museo Lázaro Galdiano. Este gran coleccionista reunió en este palacete, donde vivió, las más singulares obras de arte y de la pintura universal.

Itinerario Sexto
DE LA CAÑADA DE LA MESTA A LA VANGUARDIA DE AZCA

La calle de Alcalá, la más larga de Madrid, y la Castellana marcan, de algún modo, la evolución del trazado de la capital, que progresivamente y en distintas épocas, se apoyó en estas arterias para modernizarse. La ruta nos lleva desde los restos del primer gran crecimiento madrileño –al principio de Alcalá y la zona de Cibeles y Recoletos, con los grandes asentamientos nobiliarios extramuros– hasta ciertos barrios burgueses y a los exponentes más vanguardistas de la arquitectura de la Castellana.

La calle de Alcalá

Si hay un momento mágico para contemplar esta calle es a primeras horas de la mañana. Orientada

Las aceras de la calle de Alcalá son tan amplias como esta importante arteria madrileña, y es una de las que conducen, desde el centro de Madrid, al parque del Retiro.

Iglesias y conventos se fueron levantando sobre la calle de Alcalá, con ricos detalles escultóricos de temas religiosos y populares que se descubren a poco de alzar la vista.

De la cañada de la Mesta a la vanguardia de Azca

al este, el sol entra a raudales desde esta gran avenida hasta su puerta homónima. Fue esta madrileñísima calle, además del camino de Alcalá, cañada real por donde, hasta no hace mucho, tenían derecho a transitar los ganados trashumantes de la Mesta. Se llamó también camino de los Caños de Alcalá o camino de los Olivares. Eran los mismos olivares que Isabel la Católica mandó talar a la altura de la actual plaza de la Cibeles, para dificultar su trabajo a los salteadores de caminos.

Se inició su urbanización a finales del siglo XVI y principios del XVII, cuando se instalaron extramuros los primeros conventos y, en torno a ellos, pequeños núcleos de población, y también palacios nobiliarios. Entre los primeros, el convento de las monjas de Vallecas, en lo que hoy es el cruce entre Alcalá y Peligros. Entre los palacios, el de Eugenia de Pignatelli. Ya se llamaba entonces el tramo que iba de Sol a los Caños (la actual Cibeles) calle de Alcalá.

De Sol a Cibeles. En este tramo está el alma de la calle más larga de Madrid. Su aspecto es hoy monumentalista. Los bancos sustituyeron a los entrañables cafés de tertulias, que aquí abundaron en el siglo XIX. En épocas anteriores era la entrada más importante a la Corte. Y así lo entendió Carlos III cuando instaló, ya cerca de la Puerta del Sol, la Real casa de la Aduanas.

El edificio Metrópolis, antigua sede de la compañía de seguros La Unión y el Fénix. Destaca en su cúpula la escultura del ave Fénix, que resurge restaurada. La construcción está situada en la confluencia de la calle de Alcalá y la Gran Vía.

Arriba, esculturas apoyadas sobre las columnas que sostienen un balcón de un edificio de la calle de Alcalá. Las construcciones nobles que se levantaron en sus aceras caracterizan esta arteria madrileña.

Itinerario Sexto

Rótulo del Casino de Madrid. Inaugurado en 1910, entonces copió de sus homónimos londinenses la prohibición de «socios» femeninos.

Por la calle de Alcalá

Madrid siempre ha tenido una vocación popular y ha llevado con orgullo su título de *villa*, que la diferencia de la mayoría de las capitales. Y esa popularidad se ve reflejada en sus canciones, que casi tienen el valor de himnos, como la que cantaba Celia Gámez y que evoca una calle de Alcalá que hoy es historia:

> *Por la calle de Alcalá*
> *con la falda almidoná*
> *y los nardos apoyaos en la cadera,*
> *la florista viene y va*
> *y sonríe descará,*
> *por la acera de la calle de Alcalá.*

El recorrido hasta Cibeles nos muestra un espacio jalonado de un conjunto de edificios que se describen a continuación.

Real Casa de Aduanas (Alcalá, 5). Desde 1845 este edificio alberga el **Ministerio de Hacienda**. Es una de las realizaciones de Carlos III, que lo encargó a su arquitecto Sabatini en 1769. Tuvo una función urbanística, ya que a partir de su fachada, de un marcado estilo clasicista, se alineó la calle. En el interior destacan sus tres patios, en torno a los cuales se articula el conjunto de las dependencias.

Real Academia de Bellas Artes de San Fernando (Alcalá,13). Horario: de 9 a 19. Domingos y lunes de 9 a 14.

Perteneció este palacio al navarro Juan de Goyeneche, tesorero de reinas durante los reinados de Carlos II y Felipe V y también emprendedor hombre de negocios, al que se debe la creación de **Nuevo Baztán**, pueblo madrileño construido por Churriguera, donde el tesorero creó el que fue sin duda el primer *polígono industrial* de España, a comienzos del siglo XVIII.

El palacio fue edificado en 1725 por José Benito de Churriguera. Su recargada fachada fue modificada totalmente en 1774, durante el reinado de Carlos III, cuando el palacio se destinó a albergar la Real Academia de Bellas Artes de San Fernando. El arquitecto encargado fue Diego de Villanueva, hermano del autor del Museo del Prado. La modificación le dio el aspecto clasicista que hoy conserva y que responde al gusto de la Ilustración, entonces dominante.

El **Museo de la Real Academia de Bellas Artes** conserva una excelente **colección de pintura** de los siglos XVI al XX, así como de escultura, mobiliario, porcelana y objetos decorativos. Los pintores representados son Juan de Juanes, Luis de Morales, Alonso Cano, El Greco, Velázquez, Zurbarán, Carreño de Miranda, Ribera, Goya, Vicente López, Madrazo y Sorolla, entre otros autores españoles. Bellini, Correggio, Lucas Jordán, Bassano o Tiépolo entre los italianos. Y Rubens, Van Dyck o Mengs entre los flamencos. Este importante fondo pictórico da idea de la relevancia de este museo.

El edificio alberga también el **Museo de Calcografía Nacional**, donde se conservan planchas y grabados de artistas que van desde el siglo XVIII al XX, algunas de cuyas reproducciones pueden adquirirse a precios asequibles.

Contiguo a la Real Academia de Bellas Artes de San Fernando se encuentra el **Casino de Madrid**, inaugurado en 1910. Este elegante club privado copió de los londinenses su inflexible veto a los socios femeninos.

Hace tiempo que dejaron de concentrarse en la calle de Alcalá, entre Sol y Cibeles, los grandes cafés del siglo XIX y aun de principios del XX. Hoy los sustituyen las cafeterías, que han heredado el apelativo de mentideros de la villa, título que durante siglos correspondió por derecho propio a las gradas de la iglesia de San Felipe, en la Puerta del Sol. En los solares de aquellos cafés se erigieron grandes edificios, muchos de ellos destinados a

De la cañada de la Mesta a la vanguardia de Azca

sedes bancarias, como el de **La Equitativa**, en Alcalá 12, que ocupa Banesto, construido en 1891. Destacan de su arquitectura los elefantes que sostienen el balcón corrido de su fachada. El **Banco de Bilbao**, en el número 16, obra de 1918, está rematado por dos cuádrigas de bronce de doce toneladas de peso cada una.

🔹 **Iglesia de las Calatravas** (Alcalá, 25). Perteneció esta iglesia a la orden de Calatrava, y aquí se armaban los caballeros de todas las órdenes, excepto los de Santiago. El edificio es barroco, de una sola nave, con una gran cúpula y un retablo de gran valor, obra de González Velázquez. Fue convento de las comendadoras de Calatrava, que se trasladaron aquí desde Almonacid de Zorita, en 1629, huyendo del hambre.

Uno de los edificios más característicos de Alcalá es la antigua sede de La Unión y el Fénix, en el número 39. Fue construido en 1907, haciendo chaflán con la Gran Vía, que se abriría poco más tarde. Hoy el edificio se llama **Metrópolis**. Está coronado por la **Victoria Alada**. Rematado anteriormente por el grupo escultórico del *Ave Fénix*, este voló hace años hacia una nueva sede, en el paseo de la Castellana.

Iglesia de San José. Inmediatamente después de la confluencia entre Alcalá y Gran Vía y siguiendo la acera de la izquierda, se encuentra la iglesia de San José. El actual edificio se levantó sobre el solar del convento del Carmen Descalzo, uno de los primeros conventos de esta calle, donde, por cierto, se ordenó sacerdote Lope de Vega. El actual edificio, obra del arquitecto Pedro Ribera, data del reinado del Felipe V entre 1733 y 1742.

En la calle de Alcalá se levanta la iglesia de las Calatravas, que perteneció a la orden del mismo nombre. En ella se armaban los caballeros de todas las órdenes, exceptuando a los de la orden de Santiago.

Itinerario Sexto

La Puerta de Alcalá. Mandada construir por Carlos III como sinónimo de relevancia de la Villa y Corte, data de 1778. Desde entonces ha sido testigo de la historia y el crecimiento de Madrid, y para su mayor gloria ha sido inmortalizada en la letra de una canción popular.

En la acera de enfrente de la iglesia de San José se encuentra el **Círculo de Bellas Artes**. El edificio fue construido por Antonio Palacios en 1926. Su elegante cafetería ofrece una vista relajada de este tramo de la calle Alcalá. Al mismo arquitecto –autor del edificio del Palacio de Comunicaciones– se debe el **Banco Central**, en la acera opuesta. Se caracteriza por las enormes columnas y las no menos descomunales cariátides de su fachada. Finalmente, este tramo de Alcalá está escoltado por el **palacio de Buenavista**, en la acera de la izquierda, y por el **Banco de España**, a la derecha, de los que ya se habló en la ruta del Prado. En el Banco de España puede visitarse su **colección de arte** –horario: lunes y jueves, de 9.30 a 11.30, previa petición–, que reúne importantes obras pictóricas, mobiliario y objetos del siglo XIX, entre ellos algunos cuadros de Goya.

De Cibeles a la Puerta de Alcalá

Sobre la madrileñísima Cibeles tratamos en otro lugar. Ahora sólo nos dedicaremos a contemplar desde este magnífico espacio la imponente perspectiva de la Puerta de Alcalá, que se yergue calle Alcalá adelante, aunque hoy la perspectiva esté algo quebrada por el despropósito del edificio Valencia, que le sale como una desafortunada joroba erecta de cemento.

En el camino hacia la Puerta nos detendremos en el **café Lyon**, vieja gloria de los cafés de antaño, que contó entre sus habituales a la generación del 98, a Federico García Lorca y también a José Antonio Primo de Rivera y sus correligionarios. Muy cerca ya de la plaza de la Independencia, donde se encuentra la famosa puerta, está el conocido restaurante Club 31.

De la cañada de la Mesta a la vanguardia de Azca

🔹 **La Puerta de Alcalá.** Es uno de los monumentos que mandó construir Carlos III para dignificar la villa y Corte. Data de 1778. Los planos fueron realizados por Sabatini. Desde entonces ha sido mudo testigo de hechos tan significativos como el infructuoso atentado que sufrió Fernando VII, el magnicidio de Eduardo Dato y el enfrentamiento con los franceses, cuyas balas dejaron profundas heridas en sus piedras. Como materiales se emplearon granito y piedra blanca de Colmenar.

A los toros. Muy cerca de esta puerta se construyó, en 1749, la antigua plaza de toros de Madrid. En ella conoció el triunfo y la muerte, en 1801, el legendario torero Pepe-Hillo. En 1874, por exigencias urbanísticas del barrio de Salamanca, que se estaba construyendo, se derribó esta plaza y se construyó otra en el solar que hoy ocupa el Palacio de Deportes. Sesenta años permanecería abierta, hasta que en 1934 tomó definitivamente la
🔹 alternativa la **plaza Monumental de las Ventas del Espíritu Santo** –la plaza de las Ventas, para entendernos– que, de todas formas, había sido inaugurada en 1931. De ella sólo cabe decir que es la más importante del mundo. Simplemente. El triunfo aquí es el sueño de cualquier torero y de cualquier ganadero. Y verlo, el de cualquier aficionado. Indiscutiblemente, la **feria de San Isidro** es también el epicentro mundial del toreo. La quintaesencia.

Cuando hay corrida, la animación empieza ya por la mañana: los buenos aficionados no se pierden el apartado. Durante la jornada, los alrededores de la plaza bullen. Momentos antes de la corrida hay como una plenitud lúdica. El patio de caballos se llena de

La catedral del toreo

Es Las Ventas el primer coso taurino del mundo. Baste decir que los toreros sólo alcanzan plenamente su magisterio cuando confirman su alternativa en esta plaza. Y hay más: una ganadería no obtiene su antigüedad mientras no se toree una corrida completa en esta Monumental. Es una plaza tan especial que es la única en la que, bajo ningún concepto, suena la música durante la faena: distrae y hay que estar por la faena. La afición se tiene por la más entendida de todas. Y, dentro de ella, la de la *andanada del 6* se considera la quintaesencia. Y la del *tendido del 7*, la más rigurosa a la hora de exigir que se cumpla el reglamento hasta el mínimo detalle. Y es que esta plaza es mucha plaza.

La plaza de toros de Las Ventas, sancta sanctorum de la tauromaquia madrileña, realza su construcción con la iluminación nocturna, mientras sus ventanas parecen curiosos ojos abiertos.

Itinerario Sexto

Día de corrida en Las Ventas. No hay matador que no sueñe con cortar una oreja en esta catedral taurina.

Vista exterior de Las Ventas. Considerada como la plaza de toros más importante del mundo.

aficionados, ganaderos, toreros y taurinos. Y curiosos y gente que quiere dejarse ver entre las figuras. Después de la corrida, los bares de la zona se llenan de la afición, que entre vino y tapa comentan minuciosamente los pormenores de cada una de las faenas. Toda una fiesta.

El Museo Taurino. Horario: de 9 a 14 horas. Cerrado lunes y sábados.

Este museo se encuentra en el recinto de la plaza de las Ventas. Está repleto de reliquias de la fiesta: aquí se exhiben los trajes ensangrentados de Manolete y de otros toreros que también encontraron la muerte en la arena. Y las cabezas de los toros que tuvieron grandes éxitos o que segaron la vida de algún maestro, así como recuerdos, trofeos, cuadros, esculturas y curiosidades, como la bula del papa Pío V prohibiendo los toros bajo pena de excomunión, pero que los reyes de España prefirieron pasar por alto. A fin de cuentas, ¿qué sabía el papa de toros?

La M-30

Muy cerca de la plaza de toros discurre esta delirante autopista de circunvalación, cuyo recorrido, sin embargo, nos permite contemplar, a velocidad vertiginosa, algunos de los edificios modernos más interesantes, curiosos o significativos de Madrid. Así, si tomamos el tramo desde la entrada de la autopista de Barajas, podemos ver, sucesivamente, en el lado izquierdo, **el sanatorio**, la **mezquita madrileña** y el polémico edificio vanguardista, proyectado por Sáenz de Oíza –autor también del edificio del Banco de Bilbao, en Azca, y de Torres Blancas– y cuyo diseño ha suscitado una pro-

De la cañada de la Mesta a la vanguardia de Azca

funda controversia, hasta el punto de que ha sido bautizado, popularmente, como **la cárcel de Moratalaz**. Relativamente cerca de allí y en el lado derecho de la autopista se yergue **Torrespaña**, conocida popularmente como **el Pirulí**.

De Cibeles a Colón

Volvemos de nuevo a Cibeles, para desde aquí enfilar la ruta hacia la Castellana.

El paseo de Recoletos. Le viene el nombre a este delicioso paseo madrileño del antiguo convento de agustinos recoletos que extendía por aquí sus huertas y se levantaba en lo que hoy es el **Banco Hipotecario**. Antes de ser sede de la entidad bancaria, este edificio fue el **palacio del marqués de Salamanca**, obra de 1858. Este palacio fue el modelo que marcó la línea de otros que se construyeron en las márgenes de la vaguada del Bajo Abroñigal, que luego se llamó Paseo del Prado Nuevo.

Arranca este **paseo de Cibeles**, bien flanqueado por los **jardines del palacio de Buenavista** y por el **palacio de Linares** (véase ruta del Prado). En el lado izquierdo es obligatoria la parada en el **café Gijón**, uno de los grandes hitos de las tertulias literarias y artísticas madrileñas. Su terraza, frecuentadísima con el buen tiempo, fue la primera de las terrazas madrileñas, muy de moda en los últimos tiempos y lugar obligado de cita de las posmodernidad y la movida madrileña.

Remontando el paseo, a la izquierda dejamos el **palacio del duque de Sesto**, en la esquina con la calle Prim, obra de 1865. El duque fue el responsable de la urbanización de este paseo. Frente a él se encuentra el ya ci-

Paseo de Recoletos. Elegante, distinguido y rodeado de sobrios edificios, es tan tradicional como el mismo Madrid. Su nombre se debe a un antiguo convento de los Recoletos que fundían sus huertos con esta zona de la ciudad.

Las terrazas

La posmodernidad soñó un instante con reinventarse todo Madrid. La realidad es que no hizo sino reencontrarse con el Madrid de toda la vida, como el de las terrazas de ese gran eje del Prado-Recoletos-Castellana. En ellas, con el buen tiempo, uno puede codearse con lo más granado de la movida madrileña: actores, cantantes, escritores, famosos y famosillos que disfrutan de estos nuevos escaparates de siempre. Las mas famosas: terraza Zenith, en el paseo del Prado, 8; las del café Gijón, Teide y El Espejo, en Recoletos; Meta-Castellana, en Castellana, 37, y la terraza del Hipódromo, junto al monumento de la Constitución, debajo del Museo de Ciencias Naturales.

Itinerario Sexto

Entrada principal de la Biblioteca Nacional, situada sobre el paseo de Recoletos. El edificio se construyó en 1892 para conmemorar el IV Centenario del Descubrimiento de América. Sus libros datan desde la Edad Media hasta nuestros días.

Café de tertulias

Hay una vida de Madrid que siempre se ha *cocido*, bien adobada, en las tertulias de los cafés: verdaderos mentideros de la villa, en las que se hablaba de lo divino y de lo humano. Se intrigaba, se creaba, se degollaba a filo de palabra y a punta de pluma. La mayoría de aquellos cafés desaparecieron, pero el Gijón, en el paseo de Recoletos, queda todavía como una institución de ese Madrid que bullía en el puchero de la Corte. Ha sido –y es– un café eminentemente literario. Por aquí han dejado su huella Rubén Darío, Antonio Machado, Muñoz Seca y, ya después de la guerra civil, Camilo José Cela, Dámaso Alonso, González Ruano, Jardiel Poncela o Francisco Umbral, sólo por citar a algunos de los más conocidos.

tado **palacio del marqués de Salamanca**. Dos manzanas más arriba se guarda uno de los mayores tesoros históricos de España.

La Biblioteca Nacional y el Museo Arqueológico. Este enorme edificio, construido en 1892 para conmemorar el IV Centenario del Descubrimiento de América, atesora en sus dependencias la Biblioteca Nacional y el Museo Arqueológico Nacional.

A la **Biblioteca Nacional** se accede por la gran escalinata que da al mismo paseo de Recoletos. Destaca especialmente la **sala de lectura**. Almacena más de cinco millones de piezas, desde la alta Edad Media hasta nuestros días. Es una de las más importantes del mundo y, junto a la biblioteca de El Escorial y al Archivo de Simancas, guarda la memoria escrita, histórica y literaria de España. Es lugar de consulta obligada para los investigadores.

El museo Arqueológico. Horario de 9.15 a 13.45. Cerrado lunes y festivos.

Se accede a este museo por la calle Serrano. Contiene colecciones prehistóricas, egipcias, del Cercano Oriente, griegas, romanas americanas y medievales. En el jardín de acceso se encuentra una excelente reproducción de la sala central de las cuevas de Altamira.

A este museo deben acudir inexcusablemente los amantes de la historia, la arqueología y la historia del arte. Su descripción detallada excede el objeto de esta guía –existen excelentes catálogos en el museo–; sin embargo, hay que subrayar como ineludible la visita a la sala 20, donde se encuentran las tres esculturas más famosas del arte ibérico peninsular: la *Dama de Elche*, la *Dama de Baza* y la *Dama del Cerro de los Ángeles*.

Museo de Cera. Horario: de 10.30 a 13.30 y de 16 a 20,30 h.

Salimos de nuevo a Recoletos. Frente a la Biblioteca Nacional se encuentra el Museo de Cera. Contiene 400 figuras, con personajes famosos de todas las épocas y de todo el mundo. Incluye también la típica Galería del Terror.

Plaza de Colón. Se alzaba aquí en la época de Fernando VI la puerta de Recoletos, que señalaba una de las entradas de la ciudad. Hoy, de algún modo, Colón sigue siendo el espacio donde se articulan varios conceptos de Madrid. El Madrid decimonónico que se respira a partir de la calle Génova, frente al Madrid burgués del barrio de Salamanca, al otro lado de los jardines del Descubrimiento. Y el Madrid aristocrático de Recoletos, frente al Madrid decididamente moderno de la Castellana, al otro lado ya de Colón.

Más que plaza en el sentido tradicional, es un espacio urbanístico en el que destacan, por un lado las **Torres de Colón**, sede y símbolo en otro tiempo de la Rumasa de Ruiz Mateos. Su construcción, cargada de polémica, marcó un hito en la historia arquitectónica de Madrid. Partiendo de un núcleo central de hormigón todo el edificio se *colgó* desde la cima hasta la base. Se empezó la casa por el tejado, esta vez en sentido literal. Fueron terminadas en 1976, según un proyecto del arquitecto Antonio Lamela.

Escultura que precede la entrada al Museo Arqueológico Nacional.

Monumento que simboliza el Descubrimiento de América en los jardines del Descubrimiento, obra del escultor Vaquero Turcios.

Itinerario Sexto

Los jardines del Descubrimiento. En el espacioso solar donde se encontraba la Casa de la Moneda, se extienden estos jardines, que datan de finales de los setenta. En ellos sobresalen, en el lado próximo a Serrano, los grandes bloques escultóricos, obra de Vaquero Turcios, que quieren simbolizar la gesta del descubrimiento. En el lado opuesto se alza la estatua de Colón, diseñada en 1885 por Arturo Mélida. La estatua en sí es obra de Jerónimo Suñol.

Centro Cultural de la Villa de Madrid. En el subterráneo de los jardines se encuentra la estación de los autobuses, que van al aeropuerto de Barajas, y el Centro Cultural de la Villa de Madrid. El acceso a este centro es magnífico: una gran **fuente** en forma de cascada cae desde los jardines, formando una cortina, en cuyo interior corre un pasillo con los accesos a las diversas dependencias del Centro de la Villa. El ruido ensordecedor de la cascada aísla del caos circulatorio de la plaza de Colón. Su recorrido es francamente relajante. El Centro dispone de auditorios, salas de conferencias, cafeterías y salas de exposiciones.

Barrio de las Embajadas.

Así se conoce el barrio que se enmarca entre Santa Engracia, Génova, Eduardo Dato y la Castellana. La arteria principal sería la elegante calle Almagro –con interesantes galerías de arte– donde alternan exquisitos ejemplos de la arquitectura novecentista, como la actual sede del **Colegio de Ingenieros de Caminos**, y edificios vanguardistas. Una curiosidad: el antiguo **frontón** Beti Jai, en la calle Marqués de Riscal, interesantísimo ejemplo de las construcciones de hierro de finales del siglo pasado, hoy prácticamente abandonada y ocupada por talleres. Sus palcos vacíos están cargados de evocaciones. Su visita, que hay que hacer casi a hurtadillas, es totalmente recomendable. Como conjunto urbanístico destaca también la **Glorieta de Rubén Darío**. En la calle Eduardo Dato, que nos lleva hacia el popular **barrio de Chamberí**, sobresale la **iglesia** neomudéjar de **San Fermín de los Navarros**. En esta zona es obligada una referencia gastronómica: el **restaurante Jockey**, en la calle Amador de los Ríos, 6.

Acceso al Centro Cultural de la Villa de Madrid, situado bajo los jardines del Descubrimiento, junto al paseo de la Castellana.

Museo Sorolla. General Martínez Campos, 37. Horario: de 10 a 14 h. Cerrado lunes, festivos y agosto.

No podemos irnos de este barrio sin visitar este museo, fundado en 1931 en la misma casa en que vivió y tuvo su taller el genial valenciano. Fue su hogar desde 1912 hasta 1923, año en que murió. El jardín que rodea la casa fue diseñado por el mismo Sorolla. Aquí se conservan algunas de las obras maestras de este pintor, así como bocetos, dibujos y acuarelas, que se exhiben junto a los objetos que el maestro fue coleccionando a lo largo de su vida.

El paseo de la Castellana

La duquesa Ángela de Medinacelli, que tenía su palacio ducal en la esquina de Génova con Recoletos, puso de moda a finales del siglo XIX este paseo, adonde se trasladó lo más granado de la aristocracia madrileña. Se llamó antes Paseo Nuevo de las Delicias de la

Arriba, monumento a Colón en la plaza homónima, situada al final del paseo de Recoletos y al comienzo del paseo de la Castellana.

Plaza Colón. A la derecha del monumento en honor del insigne descubridor se alzan las torres homónimas.

Princesa, en honor de Isabel II. El nombre de la Castellana le vino por la fuente que se encontraba en la glorieta de Emilio Castelar.

La Castellana de hoy conserva algunas pinceladas del Madrid aristocrático, pero es sobre todo un catálogo vivo de la mejor arquitectura contemporánea. En cualquier caso, esta doble vertiente se combina hasta Nuevos Ministerios. A partir de allí, se perfila ya como un Madrid rabiosamente nuevo, clásico en su modernidad.

Colón-Nuevos Ministerios. Se conservan en este tramo edificios decimonónicos como el de **Castellana 3**, sede de la Presidencia del Gobierno durante la transición democrática. Perteneció al marqués de Villamejor y después al infante don Carlos, abuelo materno de don Juan Carlos I.

Frente a él, en el número 4, se alza uno de los edificios más significativos de la arquitectura de hormigón. Se trata del **edificio IBM**, construido en 1968 por Miguel Fisac, que combina un diseño claro con los elementos prefabricados. En la misma acera, un poco más adelante, después de la iglesia evangélica alemana, se encuentra el **salón de té Embassy.**

De nuevo cruzamos a la acera opuesta donde visitaremos tres de los edificios modernos más significativos de este sector de la Castellana.

Edificio Bankinter. Castellana, 29-Marqués de Riscal, 13.

Este es sin duda el ejemplo más significativo de integración entre la Castellana del XIX y la contemporánea. El conjunto consta de dos edificios. El que da a la Caste-

Itinerario Sexto

Monumento con conjunto escultórico levantado en honor de Emilio Castelar, escritor, político y célebre orador español, obra de Mariano Benlliure. Se levanta en la plaza homónima, sobre la Castellana.

llana es el antiguo palacio de Mudela, construido en el siglo pasado por Álvarez Capra. Detrás se encuentra una joya de la arquitectura contemporánea, lugar de peregrinación de muchos arquitectos que acuden a admirar este edificio diseñado por Rafael Moneo y Ramón Bescós en 1976. De ladrillo rojo, supone una clara reacción al estilo *internacional*, en un intento de recuperar las líneas clasicistas. En la misma manzana, en Castellana, 31, se encuentra el **edificio La Pirámide**. El mismo arquitecto de las Torres de Colón, Antonio Lamela, realizó aquí en 1979 una interesante obra, en forma de pirámide truncada.

En el centro del paseo hay varios quioscos con sus características terrazas. En la acera contraria, el hotel Villamagna, uno de los más lujosos de Madrid. Un poco más adelante se encuentra la sede del periódico ABC. En esta parte del edificio destaca la hermosa decoración de azulejería sevillana.

Desde aquí se contempla el edificio de La Unión y el Fénix, de 1971, obra del arquitecto Luis Gutiérrez Soto, rematado por el grupo escultórico que durante mucho tiempo fue el elemento más significativo de la esquina Alcalá-Gran Vía, cuando coronaba la sede que aquella compañía de seguros tenía en ese punto.

Museo de Escultura al Aire Libre. Los arquitectos Fernández Ordóñez y Martínez Calzón diseñaron el **paso elevado** que, desde 1970, une las calles Juan Bravo y Eduardo Dato por encima de la Castellana. Estos mismos arquitectos tuvieron la idea de crear un museo de escultura abstracta bajo la estructura de hormigón armado del paso elevado, donde ya había incorporado como barandilla un diseño de Subirachs.

De la cañada de la Mesta a la vanguardia de Azca

El museo se instaló en 1971. El principal conjunto de esculturas se encuentra en la parte de Juan Bravo. Sobresalen las obras del citado Subirachs, Miró –*Mère Ubu*–, Rivera, Alfaro, Serrano, Julio González, Torner, Leoz, Sempere, Sobrino y, de un modo especialísimo, *El encuentro*, más conocido como **La sirena varada**, magnífica escultura de seis toneladas de peso que permanece suspendida de la estructura del puente, y que es una de las obras maestras del genial Chillida.

🔵 **Edificio Bankunión**. Castellana, 46. Obra de los arquitectos José Antonio Corrales y Ramón Vázquez Molerzún, es una de las más originales de la Castellana. Destaca su tono cobrizo, su remate en bóveda de cañón, la combinación de sus materiales constructivos y la ingeniosa solución utilizada en los limpiacristales. Data de 1975.

Plaza de Emilio Castelar. Se llega a ella nada más terminar los jardines de la embajada de Estados Unidos. En el centro de la plaza se alza el **conjunto escultórico de Castelar**, realizado por Mariano Benlliure. En la plaza se levantan también algunos interesantes edificios del Madrid contemporáneo, como el de **La Adriática**, construido en 1979 por Carvajal, o el **edificio de Catalana-Occidente**, obra realizada en 1988 bajo la dirección de Rafael de la Hoz, diseñado como dos prismas, en el que el superior se *suspende* sobre el inferior. O el de la **Compañía Nacional Hispánica**, de Federico Echevarría, realizado en 1977.

Reanudamos nuestro recorrido por la Castellana, y en el número 61 encontramos el **edificio La Caixa**. Fue

En la esquina del paseo de la Castellana y la calle de Juan Bravo se encuentra un museo de Escultura al Aire Libre.

Otra de las esculturas de este singular museo. Entre todas destaca La sirena varada, *de Chillida.*

Itinerario Sexto

Torre Picasso, en la plaza del mismo nombre.

Plaza de Picasso, con el fondo de las torres del complejo Azca.

construido en 1978 bajo la dirección de Josep Maria Bosch i Aymerich. Lo más característico es su forma exterior: está realizado como una pirámide invertida, de tal modo que los pisos superiores tienen más superficie que los de la base. Frente a él, en el paseo, un quiosco con terraza invita a un nuevo alto en el paseo, antes de llegar a la **plaza del Doctor Marañón**: el monumento central es en honor del marqués del Duero. Fue fundido en bronce de cañones. En esta misma plaza, esquina con José Abascal, está la casa donde vivió el ilustre médico don Gregorio Marañón.

Museo de Ciencias Naturales. Castellana, 80. Horario: de 9 a 14 y de 15 a 18.

Está situado en las dependencias del interesante edificio neomudéjar de la **Escuela de Ingenieros Industriales**, sobre unos jardines, en uno de los enclaves más agradables del paseo, y se le conoce como Los Altos del Hipódromo.

El museo, que está experimentando importantes reformas de adaptación, tuvo hasta no hace mucho un marcado aspecto de museo decimonónico y romántico, que evocaba sobre todo a los naturalistas y/o aventureros del siglo pasado, antes que un verdadero museo de ciencias, como hoy puede entenderse. En cualquier caso, su visita era –y es – especialmente entrañable.

La Residencia de Estudiantes. Detrás del Museo de Ciencias Naturales se encuentra el edificio de la antigua Residencia de Estudiantes, fundada en 1915, y dependiente de la **Institución Libre de Enseñanza**, creada en 1875 por Francisco Giner de los Ríos. El edificio se encuentra en la calle del Pinar. Todavía se conservan

De la cañada de la Mesta a la vanguardia de Azca

La plaza de Picasso se refleja en la fachada acristalada de uno de los edificios que la rodean, donde se instalan modernas oficinas.

las adelfas que plantó Juan Ramón Jiménez. Aquí convivieron en sus años de estudiantes personajes tan relevantes como García Lorca, Buñuel y Dalí, y fueron también residentes Unamuno, Gabriel Celaya, Jorge Guillén, Alberti y Antonio Machado. En sus aulas dieron conferencias personalidades de la categoría de Einstein, H. G. Wells, Madame Curie, Louis Aragon, Bergson, Manuel de Falla o Le Corbusier, entre otros. Tras la guerra civil, ese impresionante foco intelectual se apagó. Recientemente ha vuelto a abrir sus puertas, intentando recuperar el espíritu de sus creadores.

Nuevos Ministerios. En los años treinta se impulsó el crecimiento de la ciudad hacia el norte con la demolición del antiguo hipódromo y el proyecto de construcción de los Nuevos Ministerios, que pretendían descongestionar el centro de Madrid de gran parte del aparato burocrático.

El proyecto original (1932-1936) es del arquitecto Secundino Zuazo, que lo planteó dentro del racionalismo, con arreglo a unas formas marcadamente clasicistas. Las obras se interrumpieron durante la guerra civil. Reanudadas por un grupo de arquitectos que encabezaba Eduardo Torroja, respetaron en lo esencial el proyecto de Zuazo, pero dándole un acento imperial, tan del gusto de la época. El principal *matiz* fue la sustitución del ladrillo por el granito.

En el lado norte de Nuevos Ministerios se encuentra la calle Raimundo Fernández Villaverde. Merece la pena acercarse hacia Cuatro Caminos para visitar el **hospital de Maudes**, interesantísima obra que realizó en 1916 Antonio Palacios.

Cosas del franquismo

Frente a la entrada principal de los Nuevos Ministerios, en la Castellana, se encuentra la estatua ecuestre fundida en bronce del anterior jefe del Estado, el general Franco. Dicha estatua estaba previsto que se colocara al pie del Arco del Triunfo de la Moncloa. Sin embargo, a la hora de instalarla se entabló una divertida polémica. El general ¿tenía que mirar hacia la sierra o hacia la ciudad? No se pusieron de acuerdo y, por si acaso, decidieron llevarla hasta su actual emplazamiento. En aquellos tiempos convinieron en que era mejor dar la espalda al problema.

Itinerario Sexto

La plaza de Picasso está coronada en sus paseos y en sus zonas ajardinadas por esculturas de vanguardia, a tono con los complejos edificios que la rodean.

El coloso de Madrid

La torre de Picasso es, con sus 44 plantas y sus 157 metros de altitud, el edificio más alto de España. Pero seguramente no es el único récord que ostenta. Totalmente informatizado, es pionero en el país de la generación de *edificios inteligentes*. Cuenta nada menos que con 60 kilómetros de instalación de fibra óptica, 500 conectores ópticos, 150 cámaras de vídeo destinadas a la vigilancia, por lo que se controla desde la entrada hasta cualquier movimiento en el helipuerto instalado en su terraza. Las 6.000 personas que entran todos los días están perfectamente identificadas. Dispone además de 4.000 líneas telefónicas. 20.000 fluorescentes, 300.000 tornillos que sujetan su estructura y 2.107 ventanas. Su construcción supuso una inversión de 20.000 millones de pesetas.

De la animada **Glorieta de Cuatro Caminos** parte hacia el norte la **calle de Bravo Murillo**, eje de una serie de barrios populares, abarrotada de comercios, cines de sesión continua y bares. De esta calle, a la altura del metro de Tetuán sale la calle del Marqués de Viana, donde todos los domingos y festivos por la mañana se celebra un rastrillo que, sin tener la importancia del Rastro, es, sin duda, enormemente popular.

◼ El complejo Azca

Para los amantes de la arquitectura de vanguardia la visita al complejo Azca es imprescindible. Sin duda aquí están representados algunos de los mejores ejemplos de los edificios contemporáneos de España. El conjunto se enmarca entre la Castellana y las calles Orense, General Perón y Raimundo Fernández Villaverde.

En el planteamiento de este centro urbano, se separa la parte peatonal del tráfico rodado, que circula por subterráneos. Es un área dedicada fundamentalmente a servicios. Durante el día, a oficinas. La posible frialdad se rompe con la abundancia de restaurantes y pubs, que hacen de esta zona una de las más animadas de Madrid.

Entre los edificios, los más sobresalientes son el del Banco de Bilbao, el Windsor, Sollube y la Torre Europa, además de la última realización: la grandiosa **Torre Picasso**. El conjunto se articula en torno a los modernos –especialmente en el concepto– **jardines de Pablo Ruiz Picasso**.

Edificio Windsor. Avda. Raimundo Fernández Villaverde, 65.

Los arquitectos Genaro Alas y Pedro Casariego dirigieron esta obra, que se construyó en 1979. El edificio se resume en una torre que se yergue sobre un basamento de edificios. Lo más destacado son las interesantes soluciones estéticas para romper la monotonía constructiva. En los bajos se encuentran una sala de fiestas, varios cines y diversos locales de esparcimiento.

Edificio del Banco de Bilbao. Paseo de la Castellana, 79-81.

Cuando a un célebre arquitecto estadounidense se le preguntó qué le interesaba de Madrid, comentó: «El Museo del Prado y el edificio del Banco de Bilbao». Es una de las obras más significativas del gran arquitecto Sáenz de Oiza, que lo diseñó en 1980. Ha sido objeto de innumerables estudios y objeto de peregrinación de arquitectos de todo el mundo. Y no sólo por sus soluciones estéticas, de gran eficacia, sino también por la complejidad estructural que tuvo que superar, pues está levantado sobre el túnel del ferrocarril subterráneo que une las estaciones de Atocha y Chamartín.

Edificio Sollube. Obra realizada en la década anterior por Luis Íñiguez, que supo combinar el estilo internacional con el posmoderno, alcanzando uno de los más interesantes logros estéticos de Azca.

Torre Europa. Paseo de la Castellana-General Perón.

Obra de 1987, el arquitecto Miguel Oriol logró uno de los más vanguardistas edificios del conjunto de Azca.

De la cañada de la Mesta a la vanguardia de Azca

Destacan su entrada futurista y el remate metálico que sostiene el helipuerto, conocido popularmente como La corona de espinas.

Torre Picasso. En el interior del conjunto de Azca. Con sus 44 plantas y sus 157 metros de altitud es el nuevo *techo* madrileño y español. El diseño de la obra está fechado en 1988 por el arquitecto japonés Minoru Yamasaki, autor a su vez del World Trade Center, las Torres Gemelas de Nueva York. A su muerte, continuó el proyecto el español Genaro Alas.

El conjunto es un verdadero alarde, donde se fraguan muchos de los grandes negocios que se realizan en este país. La obra fue impulsada por *los Albertos*, a través de la empresa Construcciones y Contratas, que tiene su sede –ahora presidida por las ex esposas de los dos financieros– en la planta 43 del edificio.

Más que en su diseño, que responde al estilo *internacional* de los años 70, su concepción vanguardista se basa en su organización como *edificio inteligente*. Es, en este sentido, pionero en España de este tipo de construcciones, donde hasta el más mínimo detalle está informatizado.

Palacio de Congresos. Inmediatamente después de cruzar General Perón, se encuentra el **Palacio de Congresos y Exposiciones**. Realizado en 1970 por el arquitecto Pablo Pintado, lo más sobresaliente de él es el interesante mural de Joan Miró, colocado en 1980.

Estadio de fútbol Santiago Bernabeu, situado en el número 142 del paseo de la Castellana. Es uno de los campos de fútbol por excelencia de España y su «dueño» es el equipo del Real Madrid, los populares merengues. Se inauguró el 14 de diciembre de 1947 con un partido que enfrentó a los locales con el Belenenses de Lisboa.

Itinerario Sexto

Torrespaña, centro de emisión de Radio Televisión Española. Es conocida popularmente como el Pirulí.

Palacio de Congresos y Exposiciones. Situado en las inmediaciones del complejo Azca, destaca el mural de Miró que adorna la parte superior de su fachada.

Calles galantes

De General Perón parte la **calle Capitán Haya**, que corre paralela a la Castellana y está considerada como una de las *zonas galantes* de alto standing de la ciudad, heredera de la Costa Fleming, prácticamente a la misma altura y al otro lado del paseo. Alcanzó su esplendor los años sesenta, al socaire de cierta permisividad y, también, de la colonia estadounidense de la base de Torrejón, que eligió esta parte de la ciudad como lugar de residencia, por lo que fue conocida como *Corea*.

Santiago Bernabeu. Castellana, 142.
Se iniciaron las obras de este mítico campo de fútbol –el tercero que ha tenido el Real Madrid– en 1944, bajo la dirección de Manuel Muñoz Monasterio y Luis Alemany. Se inauguró el 14 de diciembre de 1947, con un partido de fútbol entre el Real Madrid y el Belenenses de Lisboa.

Plaza de Castilla. Después de dejar atrás la *plaza de Cuzco* –es interesante el **edificio de oficinas Cuzco IV**, del arquitecto Mariano García Benito–, se llega a la plaza de Castilla, donde el paseo de la Castellana, a

De la cañada de la Mesta a la vanguardia de Azca

pesar de que continúa hacia la **Ciudad Deportiva del Real Madrid** y hacia la **Ciudad Sanitaria de La Paz**, prácticamente pierde su carácter de gran avenida urbana, para convertirse en una vía de acceso a la ciudad.

La plaza de Castilla es, sobre todo, uno de los nudos de comunicaciones urbanos de Madrid, importante enlace de líneas de metros y autobuses y *puerta* de la capital. En el centro destaca el espantoso monumento a Calvo Sotelo. En uno de los lados sobresale el curioso depósito de agua del Canal de Isabel II. En un futuro inmediato se tiene prevista la construcción de las polémicas **torres de KIO**.

Estación de Chamartín. Había aquí un poblado, el de Chamartín de la Rosa, donde Napoleón plantó su campamento en 1808. El edificio de la estación es una interesante construcción funcional de Corrales y Molezún, donde se integran, de forma sencilla, la zona de viajeros, los andenes y el área de servicios. La estación, pensada en un principio para acoger las líneas ferroviarias del Norte y descongestionar la estación de Atocha, es hoy la estación central de Madrid, con una capacidad de 20 millones de pasajeros al año. Es una de las más importantes de Europa.

Itinerario Séptimo
LA NOCHE ES JOVEN

Horno asador de la tradicional Casa Botín, restaurante especializado en carnes asadas. Sus fogones echan fuego desde el siglo XVIII.

Fachada de la Casa Botín, en el 17 de la calle de Cuchilleros. Resulta imprescindible sentarse a la mesa de sus encantadores salones.

Si algo tiene de bueno Madrid a la hora de salir de noche es que sus posibilidades son tantas, que resulta verdaderamente difícil que no satisfaga hasta los gustos más exigentes y dispares. En este recorrido queremos dar, en varias pinceladas, un muestreo de opciones, que se inician desde el momento de decidirse por un lugar para cenar, hasta tomar un café, unas copas, bailar o apurar la noche hasta rayar el alba.

Cenar

¿Por dónde empezar? Madrid tiene fama –que los madrileños alimentan– de ser el lugar donde mejor se come de España. Y no andan desencaminados, porque se puede tomar desde el mejor marisco gallego, fresco del día, hasta una lubina o una merluza, pescaditos andaluces o los mejores asados castellanos. Aquí propo-

El museo de Chicote

Contaban los sótanos de Chicote con uno de los museos más originales de Madrid: el Museo Universal de Bebidas. Lo fundó el popularísimo Perico Chicote en 1916, cuando todavía era barman del Ritz. Llegó a contar con más de 25.000 botellas, totalmente clasificadas. Allí se podía encontrar desde una botella de *tagala* de paja hasta un coñac de la época del Descubrimiento de América, que cumplirá recientemente, con todos los honores, su Quinto Centenario y, curiosamente, en las Torres de Colón, adonde las trasladó Ruiz Mateos cuando adquirió el museo.

nemos varias sugerencias, que pueden ir ligadas con el especial estado de ánimo de cada cual o según el ambiente que le quiere dar a su noche. Inclínese por donde prefiera, ya que puede optar por la más alta cocina europea o por la más sencilla y auténtica madrileña, pero con el denominador común de lo exquisito.

Abrir boca

¿Por qué no hacerlo en una castiza taberna? En Madrid las hay extraordinarias. En algunas, incluso, se puede cenar especialmente bien. Sirva si no como ejemplo la que tal vez es la taberna más antigua de la villa, **Antonio Sánchez**, en la calle Mesón de Paredes número 13. Frecuentadísima a lo largo de la historia por toreros e intelectuales, aquí presentó su última exposición Zuloaga, del que se conserva un retrato que le hizo al que fue su propietario, Antonio Sánchez. La decoración taurina es auténtica. Además de tapas, puede comerse desde guisos caseros hasta unas acelgas con almejas en salsa verde, cazón o crema de centollo.

Taberna famosa donde las haya es también **Casa Paco**, en puerta Cerrada, 11. Magníficas tapas y excelente jamón. Pero su fama le viene de las extraordinarias carnes que ofrece en su comedor, junto a guisos tradicionales. Es un lugar adonde acuden de siempre políticos, artistas y famosos en general.

Los escaparates de los restaurantes, con un variado muestrario de productos alimenticios, preludian este recorrido gastronómico.

Arriba, corte a cuchillo de jamón de Jabugo (cerdo ibérico) que formará parte de los deliciosos entremeses que sirven en Casa Botín.

Itinerario Séptimo

El romanticismo del restaurante L'Hardy es tan exquisito como las comidas que se sirven en sus elegantes mesas. De él dijo el escritor Pérez Galdós que era «el primero en las artes de comer fino». Toda una definición.

Una tortilla real

Hablando de ir a cenar, viene a cuento dejar constancia aquí de la tortilla que inventó el abuelo de Juan Carlos I, Alfonso XIII, y que decía así: «Saltéense en manteca trozos pequeños de ave y tapa de ternera hasta que se doren un poco. Retírese del fuego entonces, y después de echar en la sartén los huevos batidos, déjese caer sobre ellos, al tiempo de volver la tortilla, el ave y la carne. Dórese y sírvase.»

Citaremos por último **Casa Labra**, en la calle Tetuán, donde la verdadera especialidad son las tapas de bacalao y las croquetas. En su restaurante, Pablo Iglesias fundó clandestinamente el Partido Socialista Obrero Español (PSOE).

Los restaurantes clásicos

Son muchos, y en ellos se glorifican los platos tradicionales. El más antiguo y uno de los mejores es sin duda **Casa Botín** (Cuchilleros, 17), cuyos hornos vienen funcionando desde el siglo XVIII. Sus asados están entre los mejores. Sus salones son una delicia.

Casa Lucio es un restaurante que si no existiera tendría que inventarse. Lucio, su propietario, se enorgullece de tener la mejor cocina tradicional. Sus salones son frecuentadísimos por el *todo Madrid*. Es uno de los restaurantes preferidos de Juan Carlos I.

La Bola fue un lugar común de conspiradores del siglo XIX, que se reunían al amparo de su magnífico cocido madrileño, que hoy se puede combinar con un revuelto de angulas, ajetes tiernos y setas o con una paletilla de cordero lechal, carne de Ávila o unos buñuelos de manzana con nata para postre.

Casa Ciriaco. Se inauguró en 1906 y sigue ofreciendo lo mejor de la cocina tradicional. Tiene fama su gallina en pepitoria, pero, sobre todo, su ambiente y su imagen romántica, extraordinariamente viva.

L'Hardy conserva su decoración romántica. Fue fundado en 1839 y de él decía don Benito Pérez Galdós que era «el primero en las artes de comer fino». Fue el primero, desde luego, de los restaurantes de lujo. Tras él llegarían los restaurantes del Ritz y del Palace y luego Horcher y Jockey. L'Hardy puede ser famoso por muchas razones, pero, sobre todo, por su grandioso cocido madrileño, que aquí alcanza los más altos niveles de exquisitez.

Horcher es una de las glorias de la cocina mundial. El primero de los restaurantes Horcher lo fundó Gustavo Horcher en 1904 en Berlín, y llegó a ser un símbolo gastronómico de aquella capital. Su hijo lo trasladó a Madrid en 1943 y hoy lo regenta su nieto, Gustavo Horcher *Moppy*. En un ambiente exquisito, se puede degustar lo mejor de la cocina vienesa –no hay que olvidar el origen austríaco de su cocina–, especialmente sus extraordinarios platos de caza y su repostería.

Jockey es otro de los grandes santuarios gastronómicos madrileños y mundiales, donde se puede degustar desde los platos tradicionales de la Villa y Corte, elaborados con extraordinaria maestría, hasta excelencias de la mejor cocina internacional.

La nueva cocina

En **El Amparo** se puede gozar con la ensalada de langosta, unas extraordinarias albóndigas rellenas de ostras o los escalopes de *foie* y los maravillosos postres de hojaldre, por decir algo, ya que su cocina es una de las mejores de España. El ambiente, elitista y refinado.

De **Zalacaín** ¿qué se puede decir? ¿Tal vez que está considerado el mejor restaurante de España? ¿Que en

El pintor en la taberna

Que a Zuloaga le gustaban las tascas del viejo Madrid no lo duda nadie. Baste decir que la última de sus exposiciones la presentó en la antiquísima y maravillosa tasca de Antonio Sánchez, en la castiza calle de Mesón de Paredes. Allí solía hacer tertulia. Para cenar solía ir a Casa Ciriaco, en la calle Mayor, donde durante muchos años reservó mesa. La última comida la hizo allí, tal como lo recuerda una placa, el 25 de octubre de 1945

Los bares, mesones, tascas y restaurantes de Madrid ofrecen una variada selección de tapas, plato tradicional de la gastronomía española que hace las delicias del turismo extranjero.

Itinerario Séptimo

Judías a la madrileña, *uno de los clásicos platos de la cocina de Madrid. Es un cocido que se sirve en su caldo, con trozos de pan tostado y embutidos salteados.*

Las tiendas de embutidos y quesos resultan siempre sorprendentes para los visitantes foráneos amantes de la comida, sobre todo por la variedad y la calidad de los productos.

su inmejorable currículum este local de José María Oyarbide cuenta con las tres preciadas estrellas de la guía Michelin? Lo mejor es que, si puede hacer un pequeño dispendio, vaya y lo disfrute.

No dude tampoco visitar el vástago de la casa, **el Príncipe de Viana**, que dirige el hijo de José María, Iñaki Oyarbide, y que continúa la brillante tradición de la casa madre.

Y siguiendo con el maridaje de tradición e innovación que han introducido los norteños, no se puede olvidar el **Juan de Alzate**, instalado en las dependencias del palacio de Liria y que dirige con maestría Iñaki Izaguirre, ni **El Bodegón**. Y dentro de la nueva cocina francocatalana, **Lúculo**.

En esta relación sería un delito olvidarse de **Iritzar Jatetxea**, de Luis Irízar, que ha sido el maestro de los grandes de la *Nueva cocina* que hoy se hace en España.

Cocina regional y extranjera

Madrid cuenta con la más variada representación en España de la cocina regional y extranjera. Tanto es así, que alguno de sus restaurantes no encuentra apenas parangón ni en su propio lugar de origen. Las posibilidades son infinitas y muchos de los productos, especialmente el pescado y el marisco, son en muchas ocasiones traídos el mismo día, por avión, desde la costa.

Cena-espectáculo

Para cenar contemplando a la vez un espectáculo hay que ir a **Floridablanca Park**, en el parque del Re-

La noche es joven

tiro (se entra por la avda. Menéndez Pelayo, frente a la calle Ibiza) o a la **Scala Meliá Castilla**. Si quiere comer con orquesta, entonces se le recomienda ir al **Mayte Commodore**.

Cenar de madrugada

Si se ha ido al cine o al teatro con sólo una caña y una tapa en el estómago, lo que a uno le apetece luego es poderse sentar un buen rato a cenar, sin preocupaciones de tiempo y sin que vengan con las prisas de que la cocina está cerrando. Se puede comer, pues, a casi cualquier hora de la noche.

Hasta la una de la mañana, un sitio para tomar un buen, buenísimo bocado, es el **Balneario**, que dirige el cocinero Pedro Larumbe. El ambiente es agradable y de postín. Hasta la 1.30 se puede cenar en **El Papiro**.

Se alarga la cosa hasta las dos de la mañana en **Bobs**, y hasta las tres se puede cenar muy bien en el **Zacarías**, situado en el hotel Miguel Ángel. De estilo más americano son los **Vips** (hay un montón y los taxistas los conocen). **El Café Maravillas** permite cenar, también hasta las tres de la mañana, en pleno barrio de Malasaña. En **Archy** se puede alargar hasta las cuatro.

Café, copa y tertulia

Después de una buena comida se puede optar por acudir a alguno de los viejos cafés madrileños, verdaderos santuarios de tertulias y siempre lugares agradables para pasar un buen rato o planear la noche, que en Madrid siempre es joven.

El **café Gijón** es sin duda el más famoso de todos ellos. Abierto en 1888, conoció entre sus contertulios a

El Café Gijón. Situado en el paseo de Recoletos, es el más famoso de los cafés madrileños. Sentarse a una de sus mesas, donde hicieron tertulias literarias, cada uno en su época, García Lorca, Rubén Darío y Antonio Machado, es acercarse al Madrid de tan ilustre estudiantina, ya que conserva su ambiente tradicional.

Itinerario Séptimo

Bocadillos de calamares. Los bocadillos son otra especialidad de la gastronomía española, que, como las salsas que acompañan a las pastas italianas, «aceptan» los más variados ingredientes.

Arriba, por las noches, las escalinatas del Arco de Cuchilleros que conducen a una zona de tascas y bares se convierten en el paso obligado de los que prefieren cenar en el viejo Madrid.

Rubén Darío, Antonio Machado, García Lorca y, más adelante, a Camilo José Cela y a los escritores de su generación. Hoy es fácil encontrar allí caras conocidas, que siguen frecuentándolo.

El **café Lyon** es otro de los clásicos. Dámaso Alonso, Vicente Aleixandre, Antonio Machado y García Lorca tuvieron también sus tertulias literarias. Es un lugar tranquilo y agradable.

Como entrañable es el **Círculo de Bellas Artes**, donde se mezcla un público variopinto, desde los socios del viejo Círculo, hasta artistas y gente de la movida. A través de sus grandes cristaleras, sentado en sus cómodos butacones, se puede saborear plácidamente la calle Alcalá.

El **café Comercial** es un lugar de cita obligada para arrancar la noche por las zonas de Santa Bárbara, Chueca o Malasaña. Se trata de un local que no sólo ha sobrevivido, sino que mantiene una total actualidad. Es hoy, tal vez, una reliquia de los cafés tertulia. Mañana será recordado como uno de los lugares donde todo el mundo estuvo alguna vez. Por aquí pasaron cotidianamente Machado (don Antonio), Jardiel Poncela y, ¡cómo no!, el último gran Carlos III madrileño, el *viejo profesor* Tierno Galván, que siguió frecuentándolo a pesar de su alcaldía.

Hay otros cafés que, evidentemente, podemos –y debemos– visitar en esta maravillosa noche madrileña: el **Central**, especializado en jazz; **Barbieri**, en la plaza de Lavapiés: **café de María Guerrero**, situado en el teatro del mismo nombre; el **café de Oriente**, en la plaza homónima, y que cuenta con un gran restaurante.

Las terrazas

Con el buen tiempo, Madrid se sienta en una terraza a tomar la fresca. Y, cómo no, al saludable ejercicio de mirar y de dejarse ver. Y, sobre todo, de lucirse. También está el que va a ver caras famosas de cerca, para luego contar aquello de que estuvo al lado de Fulano o Mengano. En cualquier caso, las terrazas en Madrid son una delicia. Las hay por todos los lados. Las más famosas son, sin duda, las **del paseo de Recoletos**.

Cócteles

Si lo que ahora prefiere es tomarse un cóctel, en Madrid hay locales extraordinarios. La catedral del cóctel es, sin duda, **Chicote**. Si sus paredes hablaran, sabríamos infinidad de cosas del estraperlo de la posguerra, de la especulación urbanística, de la política de hace décadas. Hoy es, ante todo, un lugar mágico. El clásico entre los clásicos. **Eduardos, Farnesio** o la cafetería del **Hotel Palace** son otros de los lugares donde se puede disfrutar de magníficos cócteles.

La noche es joven

La noche es joven y sobre todo en Madrid, donde las posibilidades son infinitas. Por tanto, lo mejor es montárselo por zonas y elegir la que más se acomode al gusto o a las exigencias y posibilidades de cada uno, especialmente a la hora de irse de copas.

La noche es joven

Argüelles-Moncloa-Princesa. Si durante el día predomina el ambiente estudiantil, la noche es otra cosa. La mayor concentración de pubs, abarrotados los fines de semana, está en el **Centro Comercial Aurrerá**, que estuvo sobre todo de moda en la década de los setenta y principios de la pasada. Hay en esta zona alguna discoteca de moda, como **Voltereta**, con gente *guapa* y de acceso no muy fácil. Otras discotecas son **Aire**, **RKO** y **Radio City**. También es recomendable **Galileo Galilei** y **Dublín**, un local irlandés con piano y órgano. **Kitsch** es uno de los locales que últimamente están de moda.

Azca. En Azca, lo mismo que sucedía en Aurrerá, se da una verdadera aglomeración de pubs, abarrotados de gente joven, de *movida* moderna a tope. Algunos dicen que no es, precisamente, el lugar más seguro del mundo.

Malasaña. Es en sí mismo un histórico. Este barrio, que también se llama de las Maravillas, seguro que tenía vocación de tranquilo. Sin embargo, en torno a la plaza del Dos de Mayo y desparramándose por sus calles adyacentes, se le vino encima al vecindario durante los setenta todo un alud de bares, pubs y discotecas que hace de este curioso centro de la noche uno de los lugares más animados de Madrid, especialmente para la gente joven.

Sin embargo, Malasaña no pasa de moda. La prueba está en bares como **Nairobi Club**, donde se junta mucha gente *guapa* y *marchosa*, lo mismo que **Yasta**, donde se puede escuchar buena música y donde se monta más de una fiesta. Un magnífico lugar para escuchar en vivo lo último, en compañía de los entendidos, es **Elígeme**.

Todas las zonas tienen sus clásicos. Malasaña cuenta con **La Manuela** —un café tranquilo— o **El Pentagrama** y, desde luego, el santuario de los rockeros, **La Vía Láctea**, donde tienen la obligación de acudir todos los buenos aficionados a la mejor música rock.

No faltan en Malasaña buenas terrazas, abarrotadas con el buen tiempo, en la **plaza Dos de Mayo**, frecuentadísimas, sobre todo, por gente joven y por *modernos*. Esta plaza es, por otra parte, el epicentro de la **Verbena del 2 de Mayo**, una de las más locas de Madrid.

Huertas-Santa Ana-Lavapiés. Este es el centro de gravedad del Madrid castizo y literario, donde la animación bulle sobre todo al atardecer, cuando la más variada fauna madrileña y foránea se acerca a sus infinitas tascas, bares de tapeo y restaurantes para dar, poco a poco, paso a la noche, con un público tan variado como la misma oferta.

Si buscamos un lugar tranquilo y agradable, con actuaciones de música clásica, acudiremos a **La Fídula**, pero si lo que queremos es un sitio raro donde los haya, nada mejor que **La Luna**, con un ambiente verdaderamente genuino. En cualquier caso, la zona de Huertas, la calle del Prado o Lavapiés tiene para dar y vender. Se pueden encontrar sitios para comer hasta la madrugada, como la **taberna Shangai o Lola Lola**.

Alonso Martínez-Chamberí. Esta es una de las zonas más interesantes de la noche madrileña, sin excesos y con muchos locales agradables, elegantes y cómodos,

Para quienes prefieran la cena con espectáculo, uno de los sitios adecuados es la Scala, donde el colorido y el lujo del show acompañan los platos de comida internacional y regional.

Bautizos y garrafas

A la hora de salir de copas, el verdadero pánico de los noctámbulos es la garrafa: esos horribles rellenos de botella que anuncian terroríficas resacas. La cosa no es de hoy, ni mucho menos. En el Siglo de Oro, cuando era más popular el vino que cualquier otra cosa, más que pánico era resignación a los bautizos con que los taberneros santificaban el vino. Lope, buen amigo de tabernas (Lope de Beba lo llamó Góngora), escribía que *...en vinos de Madrid/ lo mismo es agua que vino/ por más fuentes que labréis/ más tenéis en las tabernas.*

133

Itinerario Séptimo

Algunos restaurantes realzan el sabor de la comida tradicional con la presencia de las famosas tunas, reminiscencias de aquellos conjuntos musicales que nacieron en las universidades españolas y que interpretan canciones populares.

con clásicos tan frecuentados por gente *guapa* y famosa como el mismísimo **Pachá**. Clásico es también el **café Universal**, lugar de cita de mucho *posmoderno*. **But** es una disco de moda. En **Área** se puede comer hasta muy tarde. **Honky Tonk** ofrece a la gente *mona* lo último de música en directo. En **Donalberto** la especialidad son tangos y música caribeña. Tranquilo y muy bonito es el **Capote Club. Clamores Jazz** se recomienda exclusivamente a los amantes del jazz. Por último, no lejos de esta zona, se encuentra el clásico entre los clásicos: **Bocaccio** donde actores, políticos, famosos de ahora y de siempre se siguen dando cita en este local, pub-discoteca y uno de los grandes testigos de la nocturnidad madrileña.

Goya-Castellana. Unos cuantos locales característicos: **Archy** define perfectamente esta zona, destinada sobre todo a gente *guapa*, a lo chic de lo chic. Este local es hoy la quintaesencia de lo fino-noche-moderno. El lugar está muy bien –si consigue cruzar el umbral– y además puede comer hasta altas horas de la noche.

Keeper es un buen exponente de los niños bien. Su entrada tampoco es nada sencilla y lo mismo sucede con **Complot**.

Sitios refinados por excelencia son **Hispano** y **Balmoral**. Este último, sobre todo, es un lugar tranquilo donde uno se puede tomar unas copas estupendas. En ambos es fácil codearse con famosos noctámbulos. Abundan los *yuppies*.
Otros lugares. No se pueden olvidar en esta relación lugares tan señalados como el **Joy Eslava**, donde se en-

contraba el teatro Eslava. Es un lugar de cita de la jet y de la movida madrileña y un verdadero clásico de la noche. Tiene, además, la posibilidad de tomar a la salida, ya de madrugada, un magnífico chocolate con churros en **la chocolatería de San Ginés**, en el mismo pasaje de San Ginés.

Otro gran clásico, un superviviente, dicen, es **El Sol**. **Baja Epoka** es un local tranquilo. **Cuatro Rosas**, uno de los de moda, lo mismo que **La Mala Fama, Public, Nairobi, El Portón, Hanoi, Rock Club, El Agapo** o **Cañí**.

Para *carrozas* con marcha

Si es usted un encantador *carroza*, al que ya se le han pasado las ganas del bullicio o del ambiente excesivamente joven o chic o «excesivamente excesivo» –que de todo hay en la viña del Señor–, ni quiere ir demasiado tranquilo –que para esto ya hemos dado unas cuentas sugerencias– y le gusta encontrarse con famas y estrellas, también tiene en Madrid muchas oportunidades.

Salas de fiestas. Puede optar por una como **Caribiana Boite**, que ofrece su *show* y actuaciones de humoristas. **Sambrasil** está en la misma línea. **Xenon** cuenta con vedettes, music-hall y humoristas, similar a **Windsor Gran Vía**.

Bailes. Pero la autenticidad se encuentra, sin duda, en aquellos maravillosos bailes con orquesta, como los que se ofrecen en **La Carroza** o en **Pasapoga**; ambos locales cuentan además con su show humorístico. También para bailar como antes y contemplar el espectáculo humorístico se sugieren **Cleofás** y la **Boite del Pintor**, esta última ya una discoteca de ambiente clásico.

Por sevillanas. No han de faltar las sevillanas, tan en boga, en una noche madrileña. Y entre los lugares de moda, de modísima podríamos decir, está **El Portón**. Es un lugar muy exclusivo, para artistas, políticos, inteligentes, famosos en general y fauna noctámbula en particular. Banqueros y aristócratas pueden encontrarse aquí liándose la manta a la cabeza. En **Al Andalus** ofrecen también actuaciones en directo y bailes por sevillanas para el público. **Al Sur** es un baile andaluz donde se pueden combinar perfectamente el *pescaíto* y las tapas con el baile. Rumbas y sevillanas se pueden ejercitar en los **Faralaes**.

Tablaos. Si lo que se quiere es escuchar flamenco, nada mejor que acudir a **Las Brujas, Café de Chinitas, Corral de la Morería, Torres Bermejas** o **Zambra**.

Chocolate con churros. Cuando la noche se alarga en demasía, nada mejor que tomar cualquier cosa para entonarse. Madrid, desde luego, encontró su fórmula mágica en las chocolaterías. La más famosa, sin duda, es la de **San Ginés**, en el mismo pasaje de San Ginés, al lado mismo del **Joy Eslava**. Relativamente cerca de aquí, en la calle Mayor, 68, se encuentra **Casa Tino**, donde casi se ha podido empalmar la cena con los churros. **Fábrica de Churros y Buñuelos, Nike** e **Iglesia**, en la esquina de Eloy Gonzalo con Castillo, cierran esta magnífica noche madrileña.

Otra opción de la noche madrileña después de la cena son los tablaos flamencos, donde se puede saborear un fino mientras las bailaoras se desgranan por sevillanas y el cante jondo flota en el ambiente.

Plano del metro de Madrid

PÁGINAS DE SERVICIO

Direcciones y Teléfonos útiles
Oficina de Información de Turismo
Aeropuerto de Barajas. ☎ 205 86 56
Duque de Medinaceli, 2. ☎ 429 49 51 / 429 44 87
Torre de Madrid. Princesa, 1. ☎ 241 23 25.

Oficina Municipal de Turismo
Plaza Mayor, 3. ☎ 266 48 74

RENFE
Alcalá, 44. ☎ 552 05 18
Reservas por teléfono: 429 05 18

Líneas Aéreas Iberia
Plaza de Cánovas del Castillo, 4. ☎ 585 85 85
Aeropuerto de Barajas. ☎ 205 83 43
Reservas de vuelos: ☎ 205 43 72 / 231 44 36

Terminal del aeropuerto de Barajas

Real Automóvil Club
Carrera de San Jerónimo, 15. ☎ 429 85 34

Real Moto Club
Orfila, 10. ☎ 419 27 38

Policía
Jefatura: Rafael Calvo, 25. ☎ 410 35 21

Correos y Telégrafos
Plaza de la Cibeles. ☎ 521 40 04

Oficina de Objetos Perdidos
Plaza de Legazpi, 7. ☎ 228 48 06

Tele-Ruta
Información del estado de las carreteras ☎ 445 72 22
Información meteorológica. ☎ 094

Estación Sur de Autocares
Canarias, 17. ☎ 468 42 00

Teléfonos de Urgencia
Residencia Sanitaria La Paz. ☎ 734 26 00
Paseo de La Castellana, 175 (urgencias). ☎ 734 55 00
Policía. ☎ 091
Policía Municipal. ☎ 092.

Hoteles
Ritz Madrid★★★★★ Plaza de la Lealtad, 5. ☎ 521 28 57
Villamagna★★★★★ Paseo de la Castellana, 22. ☎ 261 49 00
Luz Palacio★★★★★ Paseo de la Castellana, 57. ☎ 442 51 00
Meliá Castilla★★★★★ Capitán Haya, 43. ☎ 270 84 00
Eurobuilding★★★★★ Padre Damián, 23. ☎ 457 17 00
Wellington★★★★★ Velázquez, 8. ☎ 275 44 00
Princesa Plaza★★★★★ Serrano Jover, 3. ☎ 242 35 00
Palace★★★★★ Plaza de las Cortes, 7. ☎ 429 75 51
Monte Real★★★★★ Arroyofresno, 17. (Puerta de Hierro). ☎ 216 21 40
Meliá Madrid★★★★★ Princesa, 27. ☎ 241 82 00
Miguel Ángel★★★★★ Miguel Ángel, 31, ☎ 442 81 99
Mindanao★★★★★ San Francisco de Sales, 15. ☎ 449 55 00
Alcalá★★★★ Alcalá, 66. ☎ 435 10 60
Castellana Intercontinental★★★★ Paseo de la Castellana, 49. ☎ 410 02 00
Carlton★★★★ Paseo de las Delicias, 26. ☎ 239 71 00
Convención★★★★ O'Donnell, 53. ☎ 274 68 00
Cuzco★★★★ Paseo de la Castellana, 133. ☎ 456 06 00
Plaza★★★★ Plaza de España, 13. ☎ 247 12 00
Suecia★★★★ Marqués de Casa Riera, 4. ☎ 231 69 00
Sanvy★★★★ Goya, 3. ☎ 276 08 00
Emperador★★★★ Gran Vía, 53. ☎ 247 28 00
Los Galgos★★★★ Claudio Coello, 139. ☎ 262 42 27
Chamartín★★★★ Estación Chamartín. ☎ 733 70 11
Holiday Inn★★★★ Avenida General Perón, s/n. ☎ 456 70 14

Restaurantes
Ainhoa (cocina vasca). Bárbara de Braganza, 12. ☎ 308 27 26
Al-Mounia (cocina marroquí). Recoletos, 5. ☎ 435 08 28
Annapurna (cocina india). Zurbano, 5. ☎ 410 77 27
Ama-Lur (cocina vasca). Padre Damián, 37. ☎ 457 62 98
Arabat (cocina armenia). Costa Rica, 15
Archy (cocina marroquí). Marqués de Riscal, 11
Area (cocina marroquí). Cardenal Cisneros, 66
Balzac. Morato, 7. ☎ 239 19 22
Belagua (cocina vasca). Hotel Sanvy. Hermosilla, 4. ☎ 431 27 15
Bellman (cocina sueca). Hotel Suecia. Marqués de Casa Riera, 4 ☎ 531 69 00
Bobs. Serrano, 41
Bogavante (cocina gallega). Capitán Haya, 20. ☎ 556 21 14 - 556 22 60
Cabo Mayor (cocina de Cantabria). Juan Ramón Jiménez, 37 ☎ 250 87 76
Café de Oriente Pza. de Oriente, 2. ☎ 241 39 74
Casa Botín. Cuchilleros, 17. ☎ 266 42 17

137

Casa Ciriaco Mayor, 84. ☎ 248 06 20
Casa d'a Troya (cocina gallega). Virgen del Portillo, 3 ☎ 404 64 53
Casa Lucio. Cava Baja, 35. ☎ 265 32 52
Club 31. Alcalá, 58. ☎ 231 00 92
Combarro (cocina gallega). Reina Mercedes, 12. ☎ 254 77 84 – 254 78 15
De Funy (cocina libanesa). Serrano, 213. ☎ 259 72 25
Edelweiss (cocina alemana). Jovellanos, 7. ☎ 521 03 26
El Amparo. Callejón de Puigcerdá, 8. ☎ 431 64 56
El Balneario. Juan Ramón Jiménez, 37
El Bodegón. Pinar, 15. ☎ 262 31 37
El Buda Feliz (cocina china). Tudescos, 5. ☎ 532 95 24
El Cenador del Prado. Prado, 4. ☎ 429 15 61
El Papiro. Pelayo, 49.
El Pescador. Ortega y Gasset, 75. 402 12 90
Fortuny. Fortuny, 34. ☎ 410 77 07
Horcher. Alfonso XII, 6. ☎ 522 07 31 – 532 35 96
Irizar. Jovellanos, 3. ☎ 531 45 69
Jockey. Amador de los Ríos, 6. ☎ 419 10 03 – 419 24 35
Juan de Alzate. Princesa, 8. ☎ 247 00 10 – 248 57 18
La Albufera (cocina valenciana). Hotel Meliá Castilla. Capitán Haya, 45. ☎ 279 63 74
La Barraca (cocina valenciana). Reina, 29 ☎ 232 71 54
La Bola. Bola, 5. ☎ 247 69 30
La Dorada (cocina andaluza). Orense, 64-66. ☎ 270 20 04
La Fonda (cocina catalana). Lagasca, 11. ☎ 403 83 07
La Fragata. Hotel Meliá Castilla. Capitán Haya, 45. ☎ 270 98 34
La Fuencisla. San Mateo, 4. ☎ 521 61 86
L'Hardy. Carrera San Jerónimo, 8
Lola Lola (cocina marroquí). Salitre, 24
Los Galetos (cocina brasileña). Modesto Lafuente, 82
Luarques (cocina asturiana). Ventura de la Vega, 16. ☎ 429 61 74
Lucca (cocina italiana). Ortega y Gasset, 29. ☎ 276 01 44
Luculo. Génova, 19. ☎ 419 40 29
Mikado (cocina japonesa). Pintor Juan Gris, 4. ☎ 556 30 43
O'Pazo (cocina gallega). Reina Mercedes, 20. ☎ 253 23 33 – 534 47 48
Or-Dago (cocina vasca). Sancho Dávila, 15. ☎ 246 71 85
Pedralbes (cocina catalana). Basílica, 15-17. ☎ 555 30 27
Príncipe de Viana. Manuel de Falla, 5. ☎ 259 14 48
Sacha. Juan Hurtado de Mendoza, 11. ☎ 457 59 52
Señorío de Alcocer (cocina vasco-navarra). Alberto Alcocer, 1. ☎ 457 16 96
Señorío de Berliz (cocina vasco-navarra). Comandante Zorita, 6 ☎ 533 27 57
Semon. Capitán Haya, 23. ☎ 455 46 90
Shila (cocina coreana). Panamá, 4. ☎ 457 88 33
Taberna Shangai (cocina marroquí). Olivar, 5
Tattaglia (cocina italiana). P.º de La Habana, 17. ☎ 262 28 90

Zalacain. Albarez de Baena, 4. ☎ 261 48 40
Zacarías. Miguel Ángel, 31

Cafés
Barbieri. Plza. de Lavapiés
Café Comercial. Glorieta de Bilbao, 7
Café Gijón. Paseo de Recoletos
Café Lyon. Alcalá, 57
Café de María Guerrero. Tamayo y Baus, 4
Café de Oriente. Pza. Oriente
Central. Pza. del Ángel, 10
Círculo de Bellas Artes. Alcalá, 42
El Pentagrama. Corredera Alta de San Pablo, 81
La Manuela. San Vicente Ferrer, 29

Locales de moda (bares, pubs, discotecas, coctelerías, salas de baile, salas de fiestas, tablaos)
Aire Cea Bermúdez, 8
Al Andalus. Capitán Haya, 19
Al Sur. Zurbarán, 8
Baja Epoka. Ventura Rodríguez, 24
Balmoral. Hermosilla, 10
Bocaccio. Marqués de la Ensenada, 16
Boite del Pintor. Goya, 79
But. Barló, 1
Café de Chinitas. Torija, 7
Cañí. Santiago, 11
Capote Club. Santa Teresa, 3
Chicote. Gran Vía, 12
Clamores Jazz. Alburquerque, 14
Cleofás. Goya, 7
Complot. O'Donnell, 4
Corral de la Morería. Morería, 17
Cuatro Rosas. Fomento, 16
Donalberto. Manuel Silvela, 6
Dublín. Princesa, 29
Eduardos. General Orcía
El Agapo. Madeira, 22
El Portón. López de Hoyos, 25
Elígeme. San Vicente Ferrer, 23
El Sol. Jardines, 2
Faralaes. Orense, 8
Farnesio. Miguel Ángel, 31
Galileo Galilei. Galileo, 100
Garibiana Boite. P.º de la Castellana, 83
Hanoi. Hortaleza, 81
Hispano. P.º de la Castellana, 78
Honky Tonk. Covarrubias, 24
Joy Eslava. Arenal, 11
Keeper. Juan Bravo, 39
Kitsch. Galileo, 32
La Chocolatería de San Ginés. Pje. San Ginés
La Fidula. Huertas, 57
La Luna. Amor de Dios, 13
La Mala Fama. Barco, 17
La Carroza. Flor Baja, 6
La Vía Láctea. Valverde, 7
Las Brujas. Norte, 15
Nairobi. San Vicente Ferrer, 17
Nairobi Club. San Vicente Ferrer, 20
Pachá. Barceló, 11
Pasapoga. Gran Vía, 37
Public. General Perón, 28
RKO Radio City. Fernández de los Ríos, 59
Rock Club. San Bernardo, 5
Sambrasil. Avda. Brasil, 5

Torres Bermejas. Mesonero Romano, 11
Voltereta. Princesa, 3
Windsor. Gran Vía, Pza. Callao, 4
Xenon. Pza. de Callao, bajos Cine Callao
Yasta. Valverde, 10
Zambra. Velázquez, 8

Cena-espectáculo
Florida Park. Parque del Retiro
Mayte Commodore. Serrano, 145
Scala Meliá Castilla. Capitán Haya, 43

ÍNDICE

A

Abderramán III, 14
Academia de Ciencias
    Morales y Políticas, 38
Administración de lotería
    Doña Manolita, 42
Agua, 20
Alas, Genaro, 122
Alba, duquesa de, 80
Alfonso XII, 17
— XIII, 18
Alvarez Capra, 118
Antecoro del monasterio de
    las Descalzas Reales, 53
Anticuarios, 67
Archivo de la Villa, 26
Arco de Cuchilleros, 27
— del Triunfo, 82
Ateneo, 66
Austria, Juana de, 52
Autopista M-30, 112
Autos de fe, 26

B

Banco Central, 110
— de Bilbao, 109, 122
— de España, 90
Bar Cuevas de Sésamo, 68
— de Perico Chicote, 72
— La Fídula, 133
— La Luna, 133
Barranco del Arenal, 56
Barrio de Argüelles, 81
— de Atocha, 97
— de Chamberí, 76
— de Chueca, 73
— de la Paloma, 28
— de las Embajadas, 116
— de Las Musas, 64
— de Lavapiés, 61
— de Malasaña, 77, 133
— de Moncloa, 81
— de Salamanca, 105
— de Santiago, 54
— Griego, 100
Basílica de San Francisco el
    Grande, 30
— de San Miguel, 35
Bescós, Ramón, 118
Biblioteca Nacional, 114
Bodegas Moreno, 30
Bolsa, 92
Bonaparte, José, 17

C

Café Barbieri, 62
— Central, 132
— Comercial, 76, 132
— de Oriente, 132
— Gijón, 114, 132
— La Manuela, 133
— Lyon, 110, 132
— María Guerrero, 132
— Pombo, 76
Calderón de la Barca, 43
Calle Alfonso VI, 33
— Alfonso XII, 100
— Almagro, 116
— Angel, 30
— Arenal, 55
— Atocha, 63
— Ave María, 62
— Calatrava, 30
— Capitán Haya, 124
— Carlos Arniches, 60
— Carretas, 68
— Concepción, 58
— de Alcalá, 106
— de Bravo Murillo, 122
— de Cervantes, 64
— de Chueca, 73
— de Cuchilleros, 28
— de Huertas, 64
— de la Abada, 69
— de la Amnistía, 54
— de la Bola, 52
— de la Cava Baja, 28
— de la Escalinata, 54
— de la Gran Vía, 70
— de la Magdalena, 63
— de La Pasa, 36
— de la Princesa, 80
— de Lope de Vega, 64
— de Montera, 16
— de Postas, 57
— de Quevedo, 65
— de San Justo, 35
— de Santo Tomás, 58
— de Tetuán, 69
— del Carmen, 69
— del Espejo, 54
— del Prado, 66
— del Rosario, 31
— Echegaray, 67
— Embajadores, 60
— fray Ceferino González, 59
— Fuencarral, 72
— Horteza, 72
— Lavapiés, 62
— León, 64
— Manuel Fernández, 67
— Mayor, 43
— Mediodía Grande, 30
— Mesón de Paredes, 60
— Preciados, 69
— Sacramento, 36
— San Millán, 60
— Segovia, 34
— Serrano, 105
— Tabernillas, 30
— Ventura de la Vega, 67
— Victoria, 69
— Zaragoza, 57
Callejón de El Codo, 38
Canal de Isabel II, 20
Candelas, Luis, 17, 28
Capilla de la Real e Ilustre
    Congregación del
    Santísimo Cristo de San
    Ginés, 56
— de San Isidro, 34
— del Cristo, 59
— del Milagro del monasterio
    de las Descalzas Reales,
    54
— del Obispo, 33
— del palacio de Oriente, 48
— del Santo Niño del
    Remedio, 54
Cárcel de la corte, 58
Carlos III, 16
Carrera de San Jerónimo, 65
Casa de Campo, 85
— de Cisneros, 36, 38
— de Correros, 41
— de la Panadería, 26
— de la Villa, 37, 43
— de las Flores, 80
— de las Siete Chimeneas, 73
— de Longoria, 75
— de Lope de Vega, 64
— de los Duendes, 36
— de los Gatos, 36
— de los Lujanes, 38
Casariego, Pedro, 122
Casino de Madrid, 108
Casita de Nazaret del
    monasterio de las
    Descalzas Reales, 54
Casita del Príncipe, 84
Casón del Buen Retiro, El, 101
Cava de San Miguel, 39
Cementerio de La Florida, 86
Centro Cultural de la Villa de
    Madrid, 116
— de Arte Reina Sofía, 64, 98
Cerro de San Blas, 99
Cervecería La Dolores, 65
— Alemana, 68
Chocolatería San Ginés, 135
Chocolaterías, 135
Churrería de San Ginés, 22, 56
Cine Monumental, 63
Círculo de Bellas Artes, 110,
    132
Ciudad Deportiva del Real
    Madrid, 125

— Sanitaria de La Paz, 125
— Universitaria, 82
Claustro alto del monasterio de las Descalzas Reales, 53
Clima, 18
Colección de relojes del palacio de Oriente, 47
Colegio de Mdicos, 63
— de Nuestra Señora de Loreto, 105
— de San Ildefonso, 33
— del Pilar, 105
Comedor de gala del palacio de Oriente, 47
Complejo Azca, 122, 133
Convento de las Carboneras, 39
— de las Comendadoras, 77
— de las Reparadoras, 52
— de las Trinitarias Descalzas, 64
— de Nuestra Señora de las Victorias, 41
— de San Felipe el Real, 41
— de San Plácido, 79
— de Santa Isabel, 64
Coro del monasterio de las Descalzas Reales, 53
Corrales, José Antonio, 119
Cristo de la Buena Muerte, de Juan de Mena, 59
Cuartel de la Montaña, 88
— del Conde Duque, 77
— General de la Armada, 91
— General del Aire, 82
Cuesta de Moyano, 97

D

Discoteca Voltereta, 13
— Archy, 134
— Bocaccio, 75
— Boite del Pintor, 135
— Elígeme, 133
— Joy Eslava, 134
— Nairobi Club, 133
— Yasta, 133
Discotecas, 133
Duque de Lerma, 15

E

Echevarría, Federico, 119
Edificio Bankinter, 117
— Bankunión, 119
— Carrión, 79
— de Catalana-Occidente, 119
— de la Compañía Nacional Hispánica, 119
— de La Equitativa, 109
— de la Telefónica, 77, 79
— de La Unión y el Fénix, 118
— España, 79
— IBM, 117
— La Adriática, 119
— la Caixa, 119
— La Pirámide, 118
— Metrópolis, 109
— Sollube, 122

— Windsor, 122
El Bosco, 95
— Corralón, 60
— Pardo, 84
Ermita de San Isidro de Avila, 105
Escalera principal del monasterio de las Descalzas Reales, 53
Esquilache, marqués de, 74
Estación de Atocha, 97
— de Chamartín, 125
— del Norte, 87
Estadio de Fútbol Santiago Bernabeu, 124
Estanque del parque del Retiro, 104
Estatua de Alvaro de Bazán, 39
— de Cascorro, 59
— de Felipe III, 27
— de Felipe IV, 49

F

Fábrica de Tabacos, 60
Felipe II, 15
— III, 15
— V, 44
Feria de San Isidro, 23
Fernández, Bartolomé, 31
— Gregorio, 50
— Ordóñez, 118
Fiesta del dos de mayo, 23
Fisac, Miguel, 117
Francisco I, 15, 37
Frontón Beti Jalai, 116
Fuente de Apolo, 91
— de la Cibeles, 89
— de Neptuno, 92
Fundación March, 105

G

Gastronomía, 22
Glorieta de Bilbao, 76
— de Quevedo, 76
— de San Bernardo, 76
— del Angel Caído, 105
Gómez de Mora, Juan, 37, 50
Gonzalo, Eloy, 59
Goya, Francisco de, 86
Guernica, de Pablo Picasso, 101
Gutiérrez Soto, Luis, 118

H

Herrera, Juan de, 26
Historia, 12
Hospital de la Venerable Orden Tercera de San Francisco, 31
— de Maudes, 121
— de San Carlos, 98
— General de San Carlos, 64
— Refugio, 79
Hotel Palace, 65, 92
— Ritz, 92
— Victoria, 68
— Villamagna, 118
Hurtado, Bartolomé, 44

I

Iglesia de las Calatravas, 109
— de las Escuelas Pías de San Fernando, 61
— de los Jerónimos, 100
— de Montserrat, 76
— de San Antonio de La Florida, 86
— de San Cayetano, 60
— de San Ginés, 56
— de San José, 109
— de San Marcos, 80
— de San Martín, 79
— de San Miguel y San Benito, 105
— de San Nicolás de los Servitas, 55
— de San Pedro el Real, 34
— de San Sebastián, 68
— de Santiago, 55
— del Jesús de Medinaceli, 65
— del Sacramento, 43
— del Santo Cristo de El Pardo, 84
Imprenta de Juan de la Cuesta, 63
Iñiguez, Luis, 122
Instituto de San Isidro, 59
Isabel II, 17

J

Jardín Botánico, 96
Jardines de Cabo Noval, 50
— de Pablo Ruiz Picasso, 122
— de Ribera, 76
— de Sabatini, 46, 50
— del Campo del Moro, 46
— del Descubrimiento, 116
— del palacio de Buenavista, 113
— del Parterre, 103
Jordán, Lucas, 50
Joyerías, 71
Juvara, Filippo, 44

L

La Corrala, 61
— Hoz, Rafael, 119
— Pajarita, 42
— *última comunión de San José de Calasanz*, de Goya, 72
Lamela, Antonio, 115
Larra, Mariano José de, 55
Librería Antonio Machado, 75
— Miranda, 64
Librerías, 77
Lope de Vega, 27, 43, 64
López Otero, Manuel, 82
—, Vicente, 37

M

Madrid de los Austria, 24
Marañón, Gregorio, 64
Marquet, Jaime, 42
Martínez Calzón, 118

Mausoleo de Bárbara de Braganza, 74
— de Fernando VI, 74
— de O'Donell, 75
Mercadillo de artesanos, 68
— filatélico, 25
Mercado de San Miguel, 39
Mesón de San Javier, 35
— del Segoviano, 28
— Las Cuevas de Luis Candelas, 28
Mesones, 24
Ministerio de Agricultura, 97
— de Hacienda, 108
Mohamed I, 12
Monasterio de la Encarnación, 50
— de las Descalzas Reales, 52
Moneo, Rafael, 118
Montaña artificial, 105
— del Príncipe Pío, 88
Morería, 33
Museo Arqueológico, 114
— Cerralbo, 88
— de América, 83
— de Arte Contemporáneo, 64, 83
— de Artes Decorativas, 102
— de Calcografía Nacional,108
— de Carrozas, 87
— de Carruajes del palacio de Oriente, 48
— de Cera, 115
— de Ciencias Naturales, 120
— de Escultura al Aire Libre, 118
— de la Fábrica Nacional de Moneda y Timbre, 105
— de la Real Academia de Bellas Artes, 108
— de la Real Botica del palacio de Oriente, 48
— de Música del palacio de Oriente, 48
— de Pinturas y Artes Decorativas del palacio de Oriente, 48
— del Ejército, 102
— del Prado, 93
— del Reloj, 71
— Lázaro Galdiano, 105
— Municipal, 76
— Nacional de Etnología, 99
— Naval, 91
— Romántico, 75
— Sorolla, 116
— Taurino, 112
— Universal de Bebidas, 72, 126

N

Noches del Real, 53, 55
Nuestra Señora de Atocha, 98
Nuevo Baztán, 108
Nuevos Ministerios, 121
Nunciatura, 35

O

Observatorio Astronómico, 99, 105

Oratorio del Caballero de Gracia, 72

P

Palacio Agreda, 78
— Alberto, 98
— de Abrantes, 43
— de Buenavista, 74, 90
— de Comunicaciones, 90
— de Congresos y Exposiciones, 123
— de Cristal, 104
— de El Pardo, 84
— de Fernán Núñez, 64
— de Godoy, 51
— de la Moncloa, 83
— de la Prensa, 79
— de la Zarzuela, 84
— de las Cortes, 66
— de Linares, 90
— de Liria, 80
— de los duques de Veragua, 76
— de los Marqueses de Perales, 63
— de los Vargas, 33
— de Miraflores, 66
— de Oriente, 44
— de Santa Cruz, 58
— de Uceda, 43
— de Ugena, 64
— de Villahermosa, 92
— del Buen Retiro, 16
— del duque de Sesto, 113
— del duque del Infantado, 33
— del marqués de Salamanca, 114
— del Senado, 51
Palomino, 37
Panteón de Hombres Ilustres, 98
Parque de Atracciones, 86
— de las Vistillas, 32
— de Monteleón, 77
— del Campillo del Mundo Nuevo, 59
— del Oeste, 85
— del Retiro, 102
— Villa de París, 75
Parroquia de San Andrés, 34
Pasadizo de San Ginés, 56
— del Panecillo, 35
Pasaje Dor, 63
Paseo de la Castellana, 116
— de Recoletos, 113, 132
— de Rosales, 87
— del Prado, 90
Pastelería El Riojano, 43
— La Mallorquina, 42
— La Violeta, 66
Pérez, Antonio, 35
Plaza de Antón Martín, 63
— de Canalejas, 66
— de Castilla, 124
— de Colón, 115
— de Emilio Castelar, 119
— de España, 79
— de Gabriel Miró, 32
— de Isabel II, 54

— de la Cibeles, 89
— de la Cruz Verde, 34
— de la Lealtad, 92
— de la Moncloa, 81
— de la Opera, 54
— de la Paja, 33
— de la Villa, 36
— de las Cortes, 67
— de los Carros, 34
— de Murillo, 96
— de Oriente, 17, 48
— de Puerta Cerrada, 28
— de Revueltas, 42
— de San Francisco, 35
— de San Ginés, 56
— de San Miguel, 39
— de Santa Ana, 67
— de Santa Bárbara, 75
— de Santo Domingo, 52
— de toros de Las Ventas, 111
— del Alamillo, 33
— del conde de Miranda, 39
— del Cordón, 35
— del doctor Marañón, 120
— del Rey, 73
— Mayor, 16, 25
— Tirso de Molina, 62
Posada del Peine, 57
Postigo de Santo Domingo, 14
Pub Clamores Jazz, 134
— La Vaquería, 73
Puente de los Franceses, 85
— de Segovia, 15, 34
— de Toledo, 34
Puerta Cerrada, 14
— de Alcalá, 111
— de Hierro, 83
— de la Culebra, 28
— de Moros, 14, 28
— de Toledo, 60
— de Vanaldú, 14
— del Sol, 14, 40

Q

Quinta, La, 84

R

Ramón y Cajal, 64
Rastro, 57, 59
Real Academia de Bellas Artes de San Fernando, 108
— Academia de la Historia, 64
— Academia de la Lengua Española, 100
— Armería del Palacio de Oriente, 48
— Biblioteca del Palacio de Oriente, 48
— Casa de Aduanas, 108
— Fábrica de Porcelana, 103
— Fábrica de Tapices, 98
— Sitio de El Pardo, 84
Residencia de Estudiantes, 120
Restaurante Archy, 131
— Balneario, 131
— Café Maravillas, 131

— Carmencita, 73
— Casa Botín, 22, 28, 128
— Casa Ciriaco, 44, 128
— Casa Lucio, 128
— Edelweiss, 66
— El Amparo, 129
— El Bodegón, 130
— El Criollo, 73
— El Papiro, 131
— Florida Park, 130
— Gure-Etxea, 33
— Horcher, 129
— Iritzar Jatetxea, 130
— Jockey, 116, 129
— Juan de Alzate, 130
— L'Hardy, 22, 66, 128
— La Bola, 52 128
— Lúculo, 130
— Mayte Commodore, 131
— Príncipe de Viana, 130
— Scala Meliá Castilla, 131
— Trío, 60
— Vips, 131
— Zacarías, 131
— Zalacaín, 129
Ribera de Curtidores, 59
Riego, general, 17
Río Manzanares, 34
Rodríguez, Ventura, 51, 58, 80
Rosaleda, La, 85
Rosario de la aurora, el, 30

S

Sáenz de Oiza, 112
Sala de baile La Carroza, 135
— de fiesta Caribiana Boite, 135
— de fiesta Sambrasil, 135
— de fiesta Xenon, 135
— de la escuela flamenca del monasterio de las Descalzas Reales, 54
— de Porcelana del Palacio de Oriente, 47
— Gasparini del Palacio de Oriente, 47
Salas de Fiesta, 135
Saleta Amarilla del Palacio de Oriente, 47
Salón de Alabarderos del Palacio de Oriente, 46
— de Columnas del Palacio de Oriente, 46
— de los Reyes del monasterio de las Descalzas Reales, 54
— de Tapices del monasterio de las Descalzas Reales, 53
— del trono del Palacio de Oriente, 48
— Eslava, 56
San Antonio de los Alemanes, 79
— Isidro, 27
Santa María de la Cabeza, 58
Sepulcro de Beatriz Galindo, 39
Sevillanas, 135
Sidrería Casa Mingo, 87
Sociedad Económica Matritense, 38
— General de Autores, 75

T

Taberna A Esquiñiña, 28
— Alquézar, 60
— Antonio Sánchez, 127
— Casa Alberto, 64
— Casa Amadeo, 60
— Casa Antonio, 60
— Casa Juan Bueno, 60
— Casa Paco, 28, 128
— de Cara Ancha, 61
— de Los Pepinillos, 72
— El Burladero, 62
— La Bobia, 60
— La Bodega Asturiana, 60
— La Campana, 62
— La Copa de Herrera, 60
— La Trucha, 67
— La Venecia, 67
— San Millán, 60
— Vinos Antonio, 60
— Vinos Paco, 62
— Viva Madrid, 67
Tablaos flamencos, 135
Tapeo, 25, 60, 68
Tasca Casa Labra, 69, 128
— El Anciano Rey de los Vinos, 68
— El Comunista, 73
— La Tienda de Vinos, 73
Teatro Calderón, 68
Teatro de la Comedia, 68
— de la Cruz, 68
— de La Zarzuela, 66
— Eslava, 55
— Español, 67
— Real, 54
Templo de Debod, 88
Terrazas, 113, 132
Tesoro del Delfín, 95
Toros, 111
Torre de los Lujanes, 14, 38
— de Madrid, 79
— de San Nicolás de los Servitas, 14
— de San Pedro el Viejo, 14
— Europa, 122
— Picasso, 122, 123
Torres de Colón, 115
Tranvía del Rey del Palacio de Oriente, 47

V

Vázquez, Ramón, 119
Velasco, doctor, 99
Venta del Batán, 86
Verbena de la Paloma, 23
— de San Antonio de La Florida, 23
Verbenas, 23
Viaducto, 32
Viejo Alcázar, 44
Villanueva, Jerónimo de, 50
— Juan de, 26, 58, 72, 91
Virgen de la Almudena, 44, 45
— de la Paloma, 29

Y

Yamasaki, Minoru, 123

Z

Zoológico, 86
Zuazo, Secundino, 80, 121
Zuloaga, 32, 61, 129